「最高の自分」が成長し続ける脳内革命

慶應メンタル

吉岡眞司
慶應義塾高等学校野球部
メンタルコーチ

［監修］
西田一見
株式会社サンリ代表

ワニブックス

はじめに

2023年8月23日午後4時30分過ぎ、9回裏二死二塁、小宅雅己《おやけまさき》投手が投じた7球目がレフトファールゾーンへの浅飛となり、渡邉千之亮《せんのすけ》選手のグラブに収まった瞬間、このチームと共に過ごした一年間が走馬灯のように蘇りました。

慶應義塾高等学校（以下塾高）野球部に、私が人財育成・メンタルコーチとして関わり始めたのは2021年秋。同年6月に、サポートしていた慶應義塾体育会野球部（以下塾野球部）が全日本大学野球選手権大会で優勝し、34年ぶりの大学日本一の栄冠を手にした実績を買われ、塾高野球部の森林監督にお声がけいただいたことがその始まりでした。

とはいえ、初年度はコロナ禍の影響を受け、チームに深く関わることが許されず、それが叶うようになったのは2022年夏の県大会後に結成されたこの度の優勝チームからでした。

塾高野球部が掲げる目標は「ＫＥＩＯ　日本一」。毎年のように甲子園に出場しているわけではない高校が日本一だなんて、絵空事と言われることもあったようですが、私はそれで構わないと思いました。

仮に「甲子園出場」という目標であれば、神奈川県で一番になるための練習、人間力や生活態度を含めた日々の行動のレベルで良いわけです。

しかし、日本一を掲げたならば、それら全てを全国で一番のレベルにまで引き上げる必要がありますし、そのハードルはとてつもなく高い位置に設定されます。

ところが、彼らの目や表情からは、「なんとしてでもその高いバーをクリアしてみせる」といった覚悟が見受けられたのです。そんな彼らを非常に頼もしく思えたと同時に、もしかしたら、といった幾許《いくばく》かの予感が当時よぎったのでした。

今春の選抜大会では、昨夏の王者、仙台育英高校と堂々と渡り合い、タイブレークに至る激闘の末に敗れた経験は、彼らにとってこの上ない財産になりました。というのも、目標とする「日本一」を実現するための基準が心技体において明確になったからです。

この一年、人財育成・メンタルコーチとして関わる中で、彼らの特筆すべき点を挙げると、それは「素直さ」と「自分自身の行動や思考を客観的に分析し評価する能力」、「率先垂範《すいはん》の姿勢で主体的に取り組む能力」が非常に高いことです。

これらは、まさに34年ぶりに大学日本一の栄冠に輝いた福井章吾君（現トヨタ自動車、社会人野球部）が主将時の塾野球部と同一でした。そして、これらがうまく機能し合ったことで、自分たちに必要なことを素早く体得し、心の状態をセルフコントロールできるようになったのだと確信しています。

チーム結成当初から、その時々の状況に応じて心を理想的な状態に切り替えるために必要な「ありがとう」「チャレンジ精神」「いい顔」の3点について愚直に取り組み続けました。

その結果、ピンチの場面で心の揺れが生じたとしても、自分たちでしっかりと軌道修正ができるまでに成長を続けていきました。

実際のところ、春季、夏季県大会、そして甲子園大会を通じ、ピンチの場面でも顔色ひとつ変えることなく、相手のファインプレーには惜しみのない賞賛の拍手を送ったりと、自分たちの心をしっかりとコントロールしながら、明るく、自信に満ち溢れた、溌剌《はつらつ》とした躍動感あふれるプレーを見せてくれました。それは「エンジョイ・ベースボール」を体現するものでした。

本書は、メンタル面を鍛えるために私が塾高野球部員に伝え、彼らが日々の練習や生活の中で主体的に実践し、体得したＳＢＴ（スーパーブレイントレーニング）について解説したものです。

ＳＢＴとは、ジャンルを問わず、掲げた目標を達成する上で必要な行動を、仮にその行動が気乗りしないことであっても根気よく続け、ここ一番で実力以上の能力を発揮してゴールに到達させる、大脳生理学と心理学に裏付けられた〝脳からアプローチして心をコントロールする〟メソッドです。

この厳しい世界で勝ち抜いていくことは至難の業ですが、真の成功を収めたい人にこそ本書の内容を実践してみてほしいと思います。

読者の皆様にとっての「最高の自分」が成長し続ける実感が得られることをお祈り申し上げます。

Contents

1章 慶應義塾高等学校野球部が試合で実践した5つのこと

2章

慶應義塾高等学校がここまで強くなった理由

Contents

3章 慶應義塾との出会い

4章 自分を高める「成信力《せいしんりょく》」で慶應メンタルを育てる

5章 困難を乗り切る「苦楽力《くらく》」で慶應メンタルを鍛える

6章 他人を喜ばせる「他喜力《たきりょく》」で慶應メンタルを磨く

7章 社会的成功と人間的成功を目指す

1章

慶應義塾高等学校野球部が試合で実践した5つのこと

KEIO Mental #01

①最高のパフォーマンスを発揮するための

ポジティブな言葉がけ

言葉はパフォーマンスに直結する

日吉駅の改札を抜けて、すぐ目の前に見えるイチョウ並木道の両側は慶應義塾大学日吉キャンパス。その並木道を登りきると、右手には慶應義塾高等学校（以下、「塾高」）の校舎が見えます。まむし谷と呼ばれる谷底へ向かう階段をくだり、大学の体育会の施設が集まる一帯を越えると、右手に見えるのが塾高野球部のホームグラウンド日吉台野球場です。

練習後に筋トレやミーティングなどが行われる日もありますが、朝から晩まで野球漬けという感じではありません。放課後になると、部員はグラウンドにゆっくりと集まってきます。練習前から皆が笑顔です。

練習が始まってからも彼らの笑顔が絶えることはありません。

強豪野球部の練習と聞いて私たちが想像するような、根性一辺倒な練習風景は見受けられません。体育会的な怒声や、上級生から下級生に対する威圧的な言葉もありません。誰かがミスをしたとしても、ピリピリとした空気になることもありません。

「もっとできるよ！」

「なんだよ、最高じゃん！」

練習中、どんな時でも彼らの口からはチームメイトを勇気づける言葉が飛び出してきます。それに応えるように、いいプレーをする選手たち。さらに大きな歓声が上がり、それに刺激を受けた選手がさらにハッスルしたプレーを見せることで、練習がますます白熱します。

塾高の野球部員は5つのことを実践しています。

常にポジティブな言葉を使う。それは私が彼らに最初に提案したことのひとつでした。積極的にポジティブな言葉を使うと同時に、ネガティブな言葉を極力使わないように指導しました。

それはなぜか。ポジティブな言葉は、人間の能力を引き出しやすくする力があるからです。一方で、ネガティブな言葉はいいパフォーマンスを引き出すことを困難にします。

私は生徒にこんな問いかけをしました。

「背中を丸めて、下を向いて、『自分なんかダメだ』とつぶやいてごらん。姿勢が悪いから肺が圧迫されて、どうしても大きな声は出せないし、途端に暗い気持ちになったよね。

逆に、背筋を伸ばして、視線を少し上に固定して、『俺はできる』と大きな声を出してみたらどうだろう。なんだか元気が湧いてきたような気がしないかい？」

ポジティブな姿勢や言葉は、人間の能力を発揮しやすくすることが知られています。

オーリングテストと呼ばれる有名な実験があります。人間の体がいかに正直かということを示すテストです。

それは、「体に合わないものを近づけたり、体の異常のある部分に触れたりすると筋力は低下し、反対に、体に有効な薬剤などを与えると、筋肉の緊張が保たれ筋力も維持される」というものです。オーリングテストをすることで、体の中の異常部分を発見したり、有用な薬剤を判断することができます。

これを応用したテストを、生徒にふたりひと組で行ってもらいます。

ひとりには、親指と人さし指で、ある程度力を入れて〝ＯＫ〟のポーズのようにオーリングを作ってもらいます。そして、もうひとりには、次ページの図のように両手でリングを外そうとしてもらいます。親指と人さし指にどれだけ力を込めたとしても、両手の力でそのオーリングを外そうとする力には勝てません。ですから、もうひとりの方には、どのくらいの力でオーリングが外れるのかを最初に確認しておいてもらうのです。

そして、テスト開始です。まず、オーリングを最初と同じ力で作ってもらってから、〝ありがとう〟と言い続けてもらい、両手でオーリングを外そうとしてもらいます。すると、先ほどと同じ力ではリングを外そうとしても、不思議なことに解けないのです。ところが、同じようにオーリングを作ってもらい、今度は〝もうダメだ〟と言い続けてもらい、両手でオーリングを外そうとすると、あっという間にオーリングが外れてしまうのです。

まったく力を抜いたつもりはないのに、

オーリングテスト

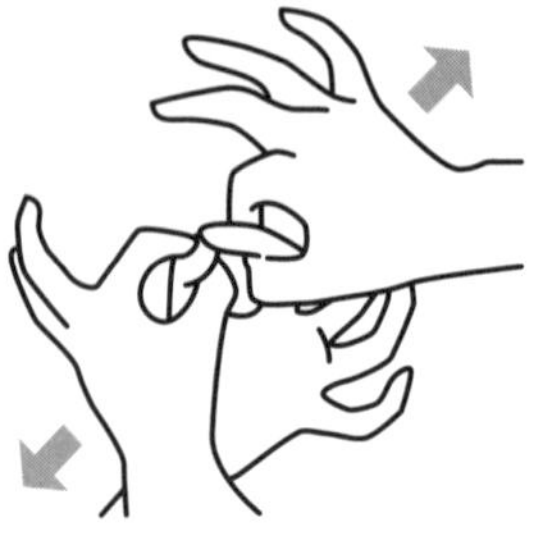

ポジティブな言葉を口にした場合
➡なかなかリングが開かない

ネガティブな言葉を口にした場合
➡簡単にリングが開く

ネガティブな言葉を発すると、不思議なことに力が抜けていくのです。

人生で一番いいパフォーマンスをした時、人は下を向いていたでしょうか。きっと上を向いて、前向きな言葉を口にしていたはずです。

つまり、自分が最高のパフォーマンスを発揮できるのは、ポジティブな気持ちの時なのです。そして、**ポジティブな気持ちを引き出すのは、ポジティブな態度や表情、言葉なのです。**

恐ろしいことに、ネガティブな言葉は、伝染します。

あなたが会社員だとします。月曜日の朝、会社に着いた途端、席の近い先輩が「仕事面倒くせえなあ」とつぶやくのが聞こえたら、きっとあなたのやる気もそがれますよね。それと同じことです。その一方、営業成績がトップクラスの後輩から、「今日は本当にいい天気でやる気が湧いてきますね」と言われたら、あなたも「自分もがんばろう」と思うのではないでしょうか。

意識的にポジティブな言葉を使うことで、塾高の選手たちは練習から最高のパフォーマンスを発揮できるような態勢を整えていたのです。

KEIO Mental #02

②脳を落ち着かせるための

一点凝視法

動揺すると視線はぶれる

試合中、塾高の選手が、自分のグローブやバットをじっと見つめることがありました。それはピンチの場面だったり、あるいは得点機であったりと、試合を決める大事な場面で、です。

彼らは何を見ていたのでしょう。グローブやバットに、大切な人からのメッセージが書いてあったわけではありません。

彼らはなぜじっと一点を見つめていたのでしょう。

桑田真澄さんという投手はご存じでしょう。ＰＬ学園出身で清原和博選手と一緒に甲子園で大活躍し、「ＫＫコンビ」の名は全国区となりました。１９８５年、巨人軍に入団しプロでも大活躍。大きな負傷からカムバックしたり、２００７年には戦力外通告を受けたのちにメジャーリーグに挑戦したりと、野球への深い情熱を持った選手として、多くのプロ野球ファンに愛されました。若い方にはアーティストのＭａｔｔさんのお父さんといったほうがわかりやすいかもしれませんね。

桑田投手といえば、マウンド上で見せる仕草がよく話題になっていました。

ピンチになると、マウンド上でボールを見つめてぶつぶつと何かをつぶやいていたのです。覚えている方も多いでしょう。

桑田投手は読書家として知られ、事細かな人というイメージを持たれていました。だから、「ボールに向かって話しかけるなんて本当に変わった人」と面白がって報道されていたと記憶しています。

しかし、あのボールへのつぶやきは、桑田投手の中で最高のパフォーマンスを発揮する上で欠かせない儀式だったのです。

これは「一点凝視」と呼ばれる、集中方法です。

どうしても注意力が散漫になる時ってありますよね。翌朝までに急ぎの書類を作らなくてはいけないのに、ほかのことをしてしまう。

学生時代に試験勉強をしている時もそうでした。勉強をしなくてはいけないのに、突然部屋の片付けをしてしまったり、あるいは本棚の漫画を読み始めてしまったり。

集中しなくてはいけないと思うのに、ほかのことに意識が向いてしまうのは、あなただけではありません。

何かに集中したいと思ったら、何か一点をじっと見つめてみてください。3秒も見つめたら十分でしょう。

これはスポーツ選手が積極的に取り入れている方法です。テニス選手はサーブの前にラケットを、サッカーの選手ならフリーキックの前にボールをじっと見つめる。塾高の選手はまさに集中するために、グローブやバットを見つめていたのです。そして、自分を鼓舞《こぶ》する言葉を心の中でつぶやいていました。

メンタルの動揺は、パフォーマンスに悪影響を及ぼします。たとえば自分の失投のせいでノーアウト満塁のピンチに直面した投手が、その後の打者にいいボールを投じられることはまれです。力んで投じたボールが相手に弾き返される、あるいはストライクゾーンを大きく外れて押し出しという結末がありありと想像できます。

人は動揺しネガティブな気持ちになると、心臓の鼓動が速くなり、落ち着きがなくなり、視線はぶれます。

そんな時に有効なのが、この一点凝視法です。

不安を感じる場面に直面したら、まず腹式呼吸で大きく深呼吸をしましょう。

呼吸というのは、自分の意志で自律神経のバランスを調整できる貴重な方法です。

緊張やストレスを感じると浅い呼吸になりますが、深呼吸をすることで副交感神経の働きが高まり、自律神経のバランスが整い、落ち着くことができます。


あなたが日常生活で実践する時も、特別な道具は何も必要ありません。ボールペンのペン先であったり、パソコンの画面の一部をじっと見つめるだけで良いのです。

短い時間で急激に集中力を上げたり、途切れた集中力を回復させることも可能です。

たとえば起床直後や、練習や試合の前にも有効です。

また頭がしっかりしている状態でも、やるべきことが多く注意力が散漫になってしまいそうな時にも使える手段です。


塾高の選手も一点を見つめることで落ちつきを取り戻しました。ボールの縫い目や、バットのグリップ、グローブを一点凝視していると、視線が定まり、脳が「自分は動揺していない」と認識して、精神的に落ち着くのです。

何かを見つめながら、ポジティブな言葉を口にするとより良いでしょう。

「自分はこのピンチを乗り切れる」

一点凝視したのち、ボールやバットに向かってそう強く言い聞かせることで、自分はそうできると思えるようになり、ピンチも乗り越える心の準備ができるのです。

KEIO Mental #03

③一旦、力を入れてから抜く

筋弛緩法《きんしかんほう》

筋肉を緩めれば心の緊張もほぐれる

人間は誰しも緊張をします。緊張をしない人間はいないといってもいいでしょう。緊張は誰にでも起こりうる自然な現象です。

2023年夏の甲子園、慶應の3回戦の相手は広陵高校でした。3―0から1点ずつ返され、3―2で迎えた7回。投手は小宅雅己君から鈴木佳門君に交代しました。1死2、3塁になり、主軸を迎えた時は手に汗を握りましたが、同点に追いつかれたものの後続を断ち切ったことが、その後のタイブレークの劇的な勝利につながったといえるでしょう。

この大事な場面でマウンドに上がった鈴木投手の緊張はいかばかりだったのでしょうか。心や体が張り詰めた状態＝緊張です。普段は交感神経と副交感神経が適度なバランスで釣り合っていますが、不安を感じると交感神経が優位になります。

その結果、筋肉が緊張したり、あるいは、鼓動が速くなり、汗をかいたりと、体が反応を始めます。

ベテランのプロ野球選手でも緊張するのです。ましてや10代の若者ですから、経験したことのない大舞台に緊張しないはずがありません。

緊張して自分の体がこわばってしまった時に有効なのは、体から力を抜くことです。でも無意識のうちに入ってしまった力を抜くことは、簡単にはできません。

一方、意識をして入れた力は簡単に抜くことができます。そこで、知らず知らずのうちに力んだり、身体に力が入ってしまったりした時は、拳を握ったり、眉間にシワを寄せたり、身体のどこでも構わないので、意識をして一旦力を入れてから抜くようにすると、無意識に入った力も合わせて抜くことができるのです。

県予選から塾高の選手は試合中に何度かこの方法で緊張をほぐしていました。

緊張はコントロールできるのだと一度知ってしまえば、どんな困難な状況になろうとしめたものです。

緊張は集中力が高まっている証拠でもあります。どうでもいい場面で緊張することはありません。本能的に「ここが試合を決める場面だ」「打たれたら嫌な相手だ」と思ってしまうから緊張するんですよね。

そんな時こそ、一旦立ち止まって気持ちをリセットする。

塾高の選手たちは、ここぞという場面で緊張と上手に付き合えたからこそ、素晴らしい結果を出せたのだと思います。

KEIO Mental #04

④ネガティブな気持ちを解き放つために

視点を変える

期せずして伝令が意識を外へと向けた

横浜スタジアムで行われた2023年夏の神奈川大会決勝。横浜高校との試合は、日本一の激戦区ともいわれる神奈川県の決勝にふさわしい素晴らしいゲームとなりました。

渡邉千之亮《せんのすけ》君の逆転3ランで勝ち越して1点リードで迎えた最終回。この回からマウンドに上がった松井喜一君は、先頭から打者ふたりを打ち取ったものの、続く俊足の1番打者にストレートの四球を与えてしまいます。スタンドから聞こえる相手の応援は最高潮に達し、一瞬嫌なムードが漂いました。

森林貴彦監督は、すかさずキャプテンの大村昊澄《そらと》君を伝令に送ります。

選手の緊張をほどこうとする大村君と、それに笑顔で答えるナイン。すると一塁手の延末藍太《のぶすえあいた》君が右手を空に向かって掲げました。

大村君が伝令に向かった時刻はちょうど午後1時。この日は快晴で太陽がほぼ真上にありますから、太陽の位置を確認しようという目的があったそうです。

延末君のそれを合図に、皆が一斉に顔を上げました。

私はその瞬間、小さく息を飲みました。おそらく意図していなかったこの行為が、彼らをプレッシャーから解き放つきっかけとなったことを確信したからです。

緊張を抱えた時というのは、自分の内面に意識が向いています。

ですから、そんな時は、自分自身から意識をそらすことがとても大事なのです。

たとえば、目の前にある物や、窓の外の木など、何でもかまいません。自分以外に意識を向けると、知らない間に緊張がおさまっています。

「緊張したら手のひらに人という字を書いて飲み込むといい」と教えられたことがある方もいるでしょうが、これも同じことです。

人間は見たものに気持ちを引っ張られます。視覚とメンタルは連動しているからです。トップアスリートたちは、目線をコントロールすることでメンタルもコントロールしています。

彼らの中にも、緊張から解き放たれ集中力を高めたい時に、空を見たり、遠くを見つめたりするというルーティンを行う選手が多くいます。

塾高の選手たちは、筋弛緩法だけでなく、この緊張緩和の方法も実践していたのです。気持ちを落ち着かせた松井投手と選手たちは、最後の打者も無事に内野フライに打ち取り、見事5年ぶりの夏の甲子園の切符を手にしました。

彼らが実践した空を見上げるシーンは、実際に甲子園でも生かされました。3回戦、広陵戦の延長タイブレーク。10回2死満塁のピンチで伝令役の安達英輝《あだちえいき》君がマウンドに向かうと、みんなで甲子園の青空を眺めるようにうながしたのです。試合後のインタビューで「安達が落ち着かせてくれたことが良い結果につながった」と選手が話していたのが印象的でした。

緊張した場合は、真正面から向き合わなくてもいいのです。上手に緊張を受けとめながら、適切にコントロールすれば良いわけです。

KEIO Mental #05

⑤脳に自分の最高の状態を想起させる

No.1ポーズ

前向きな精神状態を作り出す

試合中、塾高の選手は頻繁にあるポーズを行っていました。ニュースにもたくさん取り上げられたのでご存じの方も多いかもしれません。

彼らが行っていたのは、３本の指を立てるポーズ（３点ポーズ）で、ヒットで出塁した時や、守備のタイムで内野陣が集まったピンチの時にこのポーズをとって気持ちを高め合っていました。

これをSBTではNo．1ポーズと呼んでいます。かつて駒大苫小牧高校が甲子園で優勝した瞬間、選手がマウンドに集まって人差し指を天に向かって突き上げたポーズが話題になりましたが、あれもＮｏ．１ポーズです。

彼らは全国の頂点に立ったあのシーンだけ、Ｎｏ．１ポーズを繰り出したわけではありません。最初はチーム内のあいさつのポーズのひとつに過ぎませんでした。たとえば、朝、学校で「おはよう」のあいさつをする時、伝令がマウンドで監督の言葉を伝える時など、心をひとつにするという意味も込めて、みんなでＮｏ．１ポーズを行っていたといいます。

常日頃から自分たちの目標と目的を想起し、プラスの感情を引き起こすポーズとして使われているのが、Ｎｏ．１ポーズなのです。


Ｎｏ．１ポーズとは、自分の一番いい状態を思い出すための引き金となるものです。


ということは、必ずしも人差し指を突き出したポーズである必要はありません。

私と一番密にコミュニケーションをとっていた3年生の庭田芽青《めいせい》メンタルチーフは、あるインタビューで「自分がどのようなプレーをしているかや、決勝の舞台などをイメージし、本番で平常心を保てるようにメンタルを整える時間を提案した」と語っていました。

その中で生まれたのが３本指のポーズだったのです。

まるでフレミングの法則のような指の形ですが、これはかつて在籍していた学生コーチが数字の3を示す時に、普通とは違った指の形をするのが面白く、気がつけば部内で浸透していたものだといいます。

このチームで取り組んだことの中で、勢いに乗りたい時やピンチの時に落ち着きをもたらす「Ｎｏ．１ポーズ」の導入はとても重要なものだと考えていました。そしてチームで浸透していたこの３本指を広げるポーズが採用されたのです。

ヒットを打った塁上でこのポーズを行う塾高の選手の映像が、テレビで繰り返し流れていましたから、「あのポーズは一体どんな意味があるのか」とずいぶん話題になりました。

このポーズをいつ、どこで行うか、という決まり事は何ひとつありません。

ヒットを打って出塁した時、守備のタイムを取って内野陣が集まった時、選手たちが出したいタイミングで、いつでも自由にポーズをしています。

2023年の夏の甲子園で話題となったNo.1ポーズを空に掲げる慶應ナイン

大事なのは、とてもいいパフォーマンスができた時など、ポジティブな精神状態の時にこのポーズを繰り返すことです。

このポーズを繰り返す目的は、3点ポーズをしている時は、調子がいいと脳に覚えさせることにあります。

つらい時、苦しい時に、無意識にこのポーズが出るようになればしめたもの。試合でピンチの場面でこのポーズをすることで、脳が勝手に前向きな精神状態を作り出してくれるからです。

同時に、自分たちがどんな目標や目的のもとにつらい練習をしているのか、自分たちの原点を思い出させる効果もあります。

キャプテンの大村君はインタビューで「No．1ポーズは自分たちを勢いづけてくれる、そして自分たちのエンジョイベースボールを象徴するようなポーズだと思います」と答えていました。

彼らの野球が頂点に輝くために、No．1ポーズは欠かせないものだったのです。

KEIO Mental #06

感情がパフォーマンスを決める

脳の構造は3階建て

ここまでの5項目を読んできて、皆さんはどう感じたでしょう。紹介した「5つの心得」は、まさに私がメンタルコーチとして彼らに伝えた肝の部分です。あとは、彼らがそれらを体得し実践できるように、個々にサポートを行いました。

私は、彼らが脳を上手に錯覚させることで、最高のメンタル状態を作り出したのです。

いかに脳を上手にだますことができるのか、これはSBT（スーパーブレイントレーニング）というメソッドの面白いところです。SBTを実践するには、まず、脳の構造を知る必要があります。

人間の脳の仕組みは意外とシンプルです。

まず、脳を横から見てみると、大脳新皮質、大脳辺縁系、脳幹の3つに分かれています。

脳は3つの階層でできている

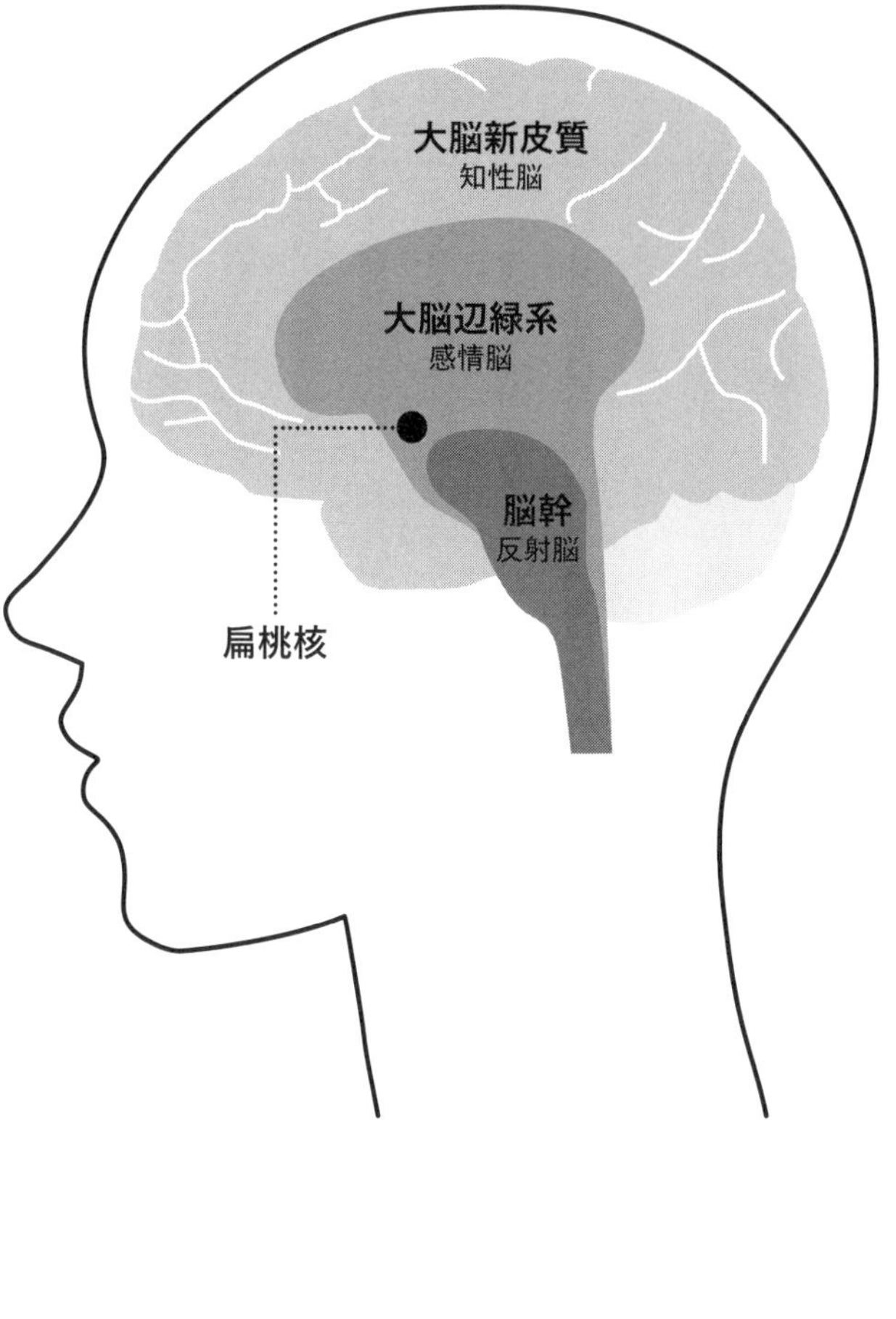

ひとつめの大脳新皮質は、脳の写真やイラストで見かける一番外側にあるしわしわの部分です。ＳＢＴはこの部分をわかりやすく「知性脳」と呼んでいます。

ふたつめの大脳辺縁系は、喜怒哀楽などの感情を司る働きをしています。そして、この中の「扁桃核」と呼ばれる１・５センチメートルほどの小さなアーモンド形の脳で、快・不快の感情が発生することがわかっています。ＳＢＴは、この大脳辺縁系を「感情脳」と呼んでいます。

３つめの脳幹は、脊髄の上にある小さな脳で、必要に応じてホルモンの分泌を指示して、脈拍や呼吸、血圧、体温などの生命活動を調整しています。この部分を「反射脳」と呼びます。

闘争ホルモンとも呼ばれるアドレナリンのほか、やる気ホルモンのドーパミン、幸せホルモンのセロトニン、覚醒ホルモンのβエンドルフィンなどのホルモンが、この脳幹からの指示で分泌されるのです。

脳は「知性脳―感情脳―反射脳」という3層構造になっています。3階建てですね。

3階　知性脳
2階　感情脳
1階　反射脳

3階の「知性脳」はとにかく「賢い」脳です。五感からくる刺激を情報として受け入れて、それを分析、判断したり、データとして記憶したりします。

野球の場合であれば、1死2、3塁の場面で打者がボテボテの内野ゴロを打ったとします。内野手は本塁と3塁は間に合わないと判断して、1塁に投げてアウトひとつを取りに行きます。こういう判断を冷静に行うのが知性脳の仕事です。

その一方で、1階の「反射脳」はとても「原始的」な脳といえます。状況に応じてさまざまなホルモンの分泌を促します。緊張のドキドキやストレスなどはこの脳がもたらすホルモンの仕業です。

この反射脳は、意思よりも感情に左右されてしまうのが最大の特徴です。つまり、この脳が、パフォーマンスを阻害する根源と言っても過言ではないでしょう。

そしてこの3つの中で、私がとても重要視しているのが2階の「感情脳」です。私たち人間には感情という素晴らしいものがあります。映画を見て感動したり、悲しい別れを経験して涙を流したり、美味しい食事に心が躍ったりと、人生を豊かにしてくれます。

試合に勝ったら最高の気分になり、明日の練習へのやる気を掻き立てるのも、この感情脳の働きによるものです。

ポジティブな感情はあなたの気持ちを前向きにしてくれます。

しかし、ネガティブな感情を抱いていた場合はどうでしょう。

以前こてんぱんに負けた相手と試合をするのは、「嫌だな」と思いますよね。相手に勝つために自発的に始めた練習が「つらい」「面倒くさい」と感じることもあります。試合のことを考えたら、イライラしたり、あるいは落ち込んだりすることもあります。

実はこうした心の動きも、すべてこの感情脳の働きによるものなのです。

感情脳で生まれた「つらい」「面倒くさい」といった感情は、すぐに1階にある反射脳に伝えられます。すると、反射脳はストレスに敏感な脳ですから、すぐさま全身に危険信号を発します。

その結果、自分の体は、緊張と興奮で思うように動けなくなってしまうのです。

さらに、その危険信号は3階の「知性脳」にも伝えられます。

ホームランを打たれたあとの投手が、途端にコントロールを乱して四球を連発することがあります。これは「やられた」「失敗した」という負の感情が、3階の知性脳の実行機能を低下させるからです。

人間は生きているとどんどんマイナス思考になっていく

横から見た脳は3階建てでしたが、今度は正面から見てみましょう。大脳新皮質は、真ん中に大きな溝があり、左脳と右脳に分かれています。

左脳は、分析し、判断することを司る「理屈脳」です。言葉や意識に関連し、論理的な面があります。また、「過去を考える脳」でもあります。

一方の右脳は、イメージ処理を司る「直感脳」です。左脳が言葉や意識に関連しているのに対し、こちらは感覚やイメージ的な面を担当し、「将来を考える脳」です。「知性脳」である大脳新皮質は、「理屈脳」と「直感脳」のふたつから構成されているわけです。

イメージ処理を行う右脳には、驚くべき能力があります。それは、「右脳でイメージして覚えた情報は大量かつ忘れられないほど深く記憶できる」という能力です。さらに感情を伴った記憶のほうが忘れづらいことが研究からもわかっています。

「小学生の頃に宿題を忘れて、授業前に冷や汗をかいた」
「中学校の時に、体育の授業の試合で活躍してヒーローになった」
「高校の文化祭で友達と漫才を披露したらありえないほどスベッた」
「大学の時に好きだった子がいて、2回告白してようやく付き合えた」

右脳と左脳それぞれに役割がある

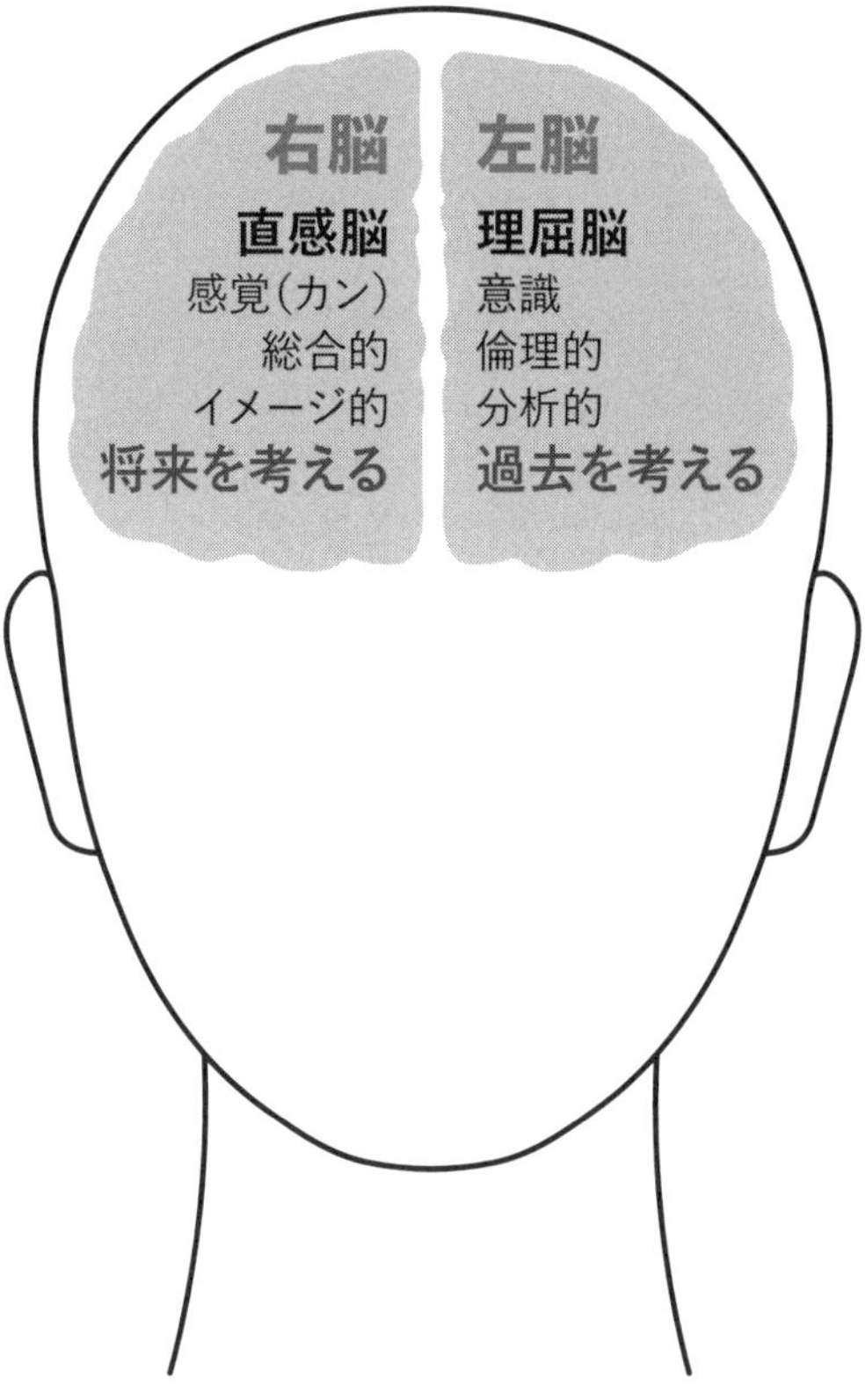

「社会人最初の大きな仕事でミスをして上司からため息をつかれた」

これらは普段は記憶の奥底に眠っていますが、単なる出来事としてだけではなく、その時の感情がセットとなって一緒に記憶に残っているのです。

ここで注目したいのが、「プラスよりマイナスの感情のインパクトが強い」「マイナスの感情ほど記憶として定着して忘れづらい」ということです。

日常生活で相手からの何気ない一言に傷ついたことを忘れずに覚えているのもそれです。相手はまったく覚えていなくても、自分は結構根に持ってしまうものです。

もともと何の意味もない出来事に対して、知らず知らずのうちにマイナス感情を抱き、マイナスのイメージ、マイナス思考になってしまうわけです。

つまり、普通に毎日を過ごしていると、どんどんマイナス思考の人間になってしまうと言っても過言ではないのです。

いわゆる「頭の良い人」は、「理屈脳」である左脳を駆使して情報を処理することが得意です。

しかし、左脳は「直感脳」右脳が取り込んだイメージを分析します。先述したように、右脳が取り込むイメージは「マイナス」が圧倒的に多いわけですから、**人生経験を積んだ人ほど、何かに挑戦しようとすると、右脳からネガティブな感情が呼び起され、左脳が「無理だ」「できない」などと結論づけてしまうわけです。**

では良すぎる頭を一体どのようにすれば、「無理だ」ではなく「できる!」と思えるように変えられるのでしょうか。そのカギとなるのが感情なのです。

「知性脳―感情脳―反射脳」、脳が3階建てであるという話をしましたが、この3つの中で司令塔ともいうべき役割を果たしているのが、2階の「感情脳」です。

感情脳の中には「扁桃核」と呼ばれる、大事なセンサーがあります。これが快・不快を判断して、脳に指令を送ります。

「快」とは、嬉しい、好き、楽しい、気持ちがいい。

「不快」とは、怖い、嫌い、退屈、不安、悲しい。

たとえば打者であるあなたが、その試合ですでに3安打を打っていて、さらにチャンスの場面で打順が回ってきたら、扁桃核は脳の1階と3階に「快」の信号を送ります。

もし逆の立場、投手であるあなたが大ピンチの場面で、その試合で3本もヒットを打っている打者を迎えたらどうでしょう。そのとおり、扁桃核は「不快」の信号を発するのです。

不快を感じると感情がどのような働きをするかは前項で述べたとおりで、その結果、どちらがいいパフォーマンスができるかは明らかでしょう。

楽しいことは続く

マイナス感情になるということは、「感情脳」の扁桃核が不快反応を示しているということです。マイナス感情とは、もともと人間の生命にとって何かしらの危機を伝えるサインでした。そのため、生命維持機能にマイナスの影響が及び、緊張して手が震えたり、汗をかいたり、体調が悪化したりするのです。

2階の「感情脳」から発せられた不快反応を、1階の「反射脳」が感知し、マイナスのホルモンの分泌を促し、3階の「知性脳」が作動しマイナス思考へと導かれるのです。ここで「感情と思考の一体化」が行われます。出来事と感情をセットにして記憶にとどめようとするのです。

嫌だなあと思った仕事が目の前にあるとします。「これをやっておいたほうが楽だし「明日の自分のためだ」と理屈ではわかっていても、なかなか手をつけられない。人間の心というのは理屈どおりにコントロールできないものなのです。

逆に楽しいことだったらどうでしょう。たとえば、ワクワクしている状態だったら、人間はどうなるのか。仕事続きで寝不足でも、大好きなキャンプに行く時は、どんなに眠くても早起きできるのではないでしょうか。ワクワクしている時はどんなことでもできてしまいそうな気がします。

これは扁桃核が「快」であると判断すると、脳の中から「やる気ホルモン」ともいわれるドーパミンが分泌されるからです。その結果、脳内がワクワクで満たされて、意欲的に行動したくなるのです。

ここで大事なのは、「正しい≠楽しい」ということです。

たとえば、試験前だから勉強をしなくてはいけないけど、やる気が出ない。勉強をすることが正しいのは間違いありませんが、それが楽しいとは限りません。
なぜ目の前のことから逃げてしまうのだろうと自己嫌悪に陥るかもしれませんが、**あなたが悪いわけではなく、あなたの脳の仕組みが、あなたにそう思わせているだけなのです。**

有名な寓話があります。3人の石工に「あなたは何をしているのですか？」と尋ねると、ひとりめの職人はつまらなそうな顔で「お金のために石を切っている」と答えました。ふたりめは「ここで一番の石切り職人になる技術を身につけているのだ」と無表情で淡々と答えました。3人めは目を輝かせながら「私が作った教会に多くの人が集まり、安らぎの場となるのだ」と答えました。

どの石工が加工した石が一番素晴らしいか、想像がつきますよね。ここからわかることは、何の仕事をしているかではなく、その先に何を思い描くかでその仕事の価値が決まるということ、言い換えると心の持ちようによってパフォーマンスは左右されるということ。スポーツでも、仕事でも、楽しいという感情がなければ決して素晴らしい結果を残すことはできないのです。

ここまで読み進めていただいた方は、つらくて厳しい練習を私が否定していると思うかもしれません。楽しいことばかりやっていて勝てるわけがないだろう、と。

塾高の選手はつらい練習はまったくやっていなかったのかという質問には、こう答えたいと思います。

「塾高の選手は、より高いレベルの相手との試合を楽しむために努力、精進した」

努力をすれば必ず大成する、つらい練習をすればいつかは身を結ぶ。これらについては、正直なところ、必ずしもそうなるとは言い切れません。

ではどうしたら、日々の厳しい練習が欠かせない中で、塾高の選手たちは大きな成功をつかんだのでしょうか。

慶應義塾高等学校野球部の声①

松井喜一《きいち》君（投手）

「試合を一番楽しんでいたのは僕でした」

甲子園で印象的だったのは、球場の広さでした。ここにたくさんのお客さんが入るんだと思ったりして、練習をしている時もきっと浮かれていて、すこし気が緩んでいたのかもしれません。

外野と内野と連携ノックが終わったあとに、大村（昊澄）がみんなを集めて言葉をかけました。「俺たちの目標は日本一だろ？」って。

あれで一気にチームの空気がしまりました。

2回戦の北陸戦では、9回から登板して1イニング4失点。9点リードだったとはいえ、試合のあとはかなり反省しました。次の広陵戦はまっすぐで押していくと、そう決めました。

僕は3年で投手チーフという立場でした。試合の最後に出ることが多いので、自分が投手陣を引っ張らないといけないという思いはありました。僕がいることで、小宅（雅己）と鈴木（佳門）に安心感を与えないといけない。それはプレッシャーでもありました。

自分たち投手陣はそれぞれ個性を持っています。最大限発揮できるようにするのが僕の仕事でもあります。明るく自由な雰囲気で、できるだけ縛らないようにしたい。他の投手が、思いきり投げてくれる環境を作ることが大事だったんです。

これまで自分に自信を持ったことはありません。僕は他のふたりと違って、運動神経もないですし、すぐに弱音を吐いてしまう弱い人間でしたから。

そういう意味で、メンタルコーチの吉岡さんは本当に頼れる存在でした。

僕の場合は、どうしても、自分でピンチを招いて、チームの雰囲気を悪くしてしまうことが悩みだったんです。うまくいかない時、マウンド上で「おかしいな、こんなはずじゃないんだけど」って思ってました。今思えば、技術というよりも、メンタルに問題があったんだと思います。

僕は一度ヒットを許してしまうと、連打を喰らうことも多かった。そうすると、やはり動揺してしまいますよね。どうやって、気持ちを落ち着かせて次のバッターに臨んだらいいか、マウンド上ではどう振る舞ったらいいか、ずっと悩みだったんですが、ピンチの場面では吉岡さんに教えてもらったように、一点凝視したり、違う方向に意識を逸らしたりすることを体が覚えてから、かなり楽になったと思います。それを夏の最後までつらぬくことができました。甲子園に入ってからはメンタル面は安定していたと思います。

去年までは、自分は「自信がある」と言えるボールがありませんでした。直球も変化球も中途半端。だから、キャッチャーのサインに頷くしかなかったし、技術のあるバッターには打たれてしまう。

最後の冬の間は、ずっとストレートを磨いてきました。ストレートに自信を持つことができたのは大きかったですね。

おかげでマウンドでは思い切り腕が振れました。勝負どころで、いい球が投げられたと思います。

試合の終盤に出る僕の仕事は、目の前の打者に集中すること。それが試合の勝利につながるからです。甲子園ではもっと緊張するのかと思いましたが、レベルの高い打者と対戦できるので、対戦前は緊張ではなく、逆にワクワクしましたし、対戦中も楽しかったです。

吉岡さんや仲間の支えのおかげで、自信を持って球を投げることができました。

広陵戦のタイブレークの時はベンチから伝令が来て、みんなで空を見上げて3点ポーズ（No．1ポーズ）をしたのをよく覚えてます。あの時はとても落ち着いていたんですよね。そして周囲の状況も把握できた。おかげで、その後のバッターは無事に抑えることができました。

リリーフって特殊な仕事です。僕の投げた1球で試合が大きく変わるし責任は重大です。でも、マウンドに上がった時は、ぞくぞくするんです。

途中まで試合展開を楽しんで、最後にマウンドに上がって勝利をつかむ。もしかして試合を一番楽しんでいたのは僕だったのかもしれません。

慶應義塾高等学校野球部の声②

安達英輝《えいき》君（内野手）
「調子の波をコントロールできるようになった」

もともと自分は調子の波が激しい選手だったと思います。いい時はいいけど、悪い時はダメ。昔は自分のいい時のことしか覚えてなかったかもしれません。

2年の春にようやくベンチ入りでき、夏のメンバー選考も兼ねた大事な練習試合があったんです。25人から20人に絞られる際に入れるかの瀬戸際だったんですが、僕はその試合で7エラーしてしまったんです。雨が気になったのもありましたけど、ファーストで7エラーですから相当凹みました。

それまで自分は切り替えが早いタイプだと思っていました。でも、この時はなかなか切り替えられなかったんです。

そんな時、吉岡さんと運よく出会えて、自分の中で調子の波をコントロールできるようになったのが大きかったと思います。そして、なんで自分は調子の波が激しいのか、それは力んでしまうからだと分析できました。一点凝視は集中力を高めるために役に立ちましたし、筋弛緩法のおかげでリラックスできました。

3年になり圧倒的に練習量を増やしました。オフの日も、バッティングセンターに行ったり。これまで以上に練習したことも、身を結んだと思います。

3年の夏は、ムードメーカーとして役に立てたかなと思っています。僕はみんなを盛り上げるのが大好き。僕が盛り上がれば、自分だけではなく、チームメイトの背中を押すことができる。3年になった頃から、ムードメイクでもチームに貢献したいと思うようになりました。試合に出てるか出てないかは関係ないって思えるようになったんです。

僕の夢は、いつかメジャーリーガーになること。大学に入ったら、4年間もっと高い基準で野球に取り組もうと思っています。

高校3年間は失敗もたくさんありました。でも、それも全部今の自分にとって必要なものだったと思えます。そして最高の仲間と日本一になれた。

僕の高校時代は7エラー8起きだったのかなって思っています。

2章

慶應義塾高等学校がここまで強くなった理由

KEIO Mental #07

無意識のうちにつくられた常識の枠を壊す

失敗体験がブレーキをかける

人間というのは実は、常識や価値観の中で、自分の可能性を定義してしまっていま す。常識は、誰かが教えてくれたわけではありません。その人自身がこれまで生きて きた経験や体験の中で獲得した、価値観であったり、自分の能力の定義であったりし ます。

人の脳は無意識のうちに経験や体験を学習し、「自分には無理だ」「これ以上はでき ない」といった常識の枠、言い換えると可能性の枠、限界をつくってしまいます。

最初に、簡単なテストをしてみましょう。

これから私がいくつかお願いをしてみます。

その1　明日は、今日よりも内容の濃い練習をしてください。

その2　次の試合は、3点差以上をつけて勝ってください。

その3　強豪校との試合で、勝ってください。

その4　強豪校を、完封してください。
その5　県予選を突破して、甲子園出場を決めてください。
その6　甲子園で最低でも2回勝って、ベスト8に進出してください。
その7　甲子園で優勝してください。

どの質問のあたりで「さすがにそれは無理」と思ったでしょう。「さすがに無理」と思った質問の内容、それこそが無意識のうちに潜在意識につくられた「常識の枠」なのです。


私が彼らから聞いた目標は「日本一」でした。

彼らの目の前で、私はこう言いました。

「みんなの目標は日本一だけど、それって本当にできると思っている？」

私はわざと挑発してみました。２０１８年以来、甲子園に出ていない学校の生徒が掲げる目標にしては分不相応なのではという感じで軽く焚きつけてみたわけです。

明らかにムッとしている部員がいました。その一方で、自分たちは日本一になる、

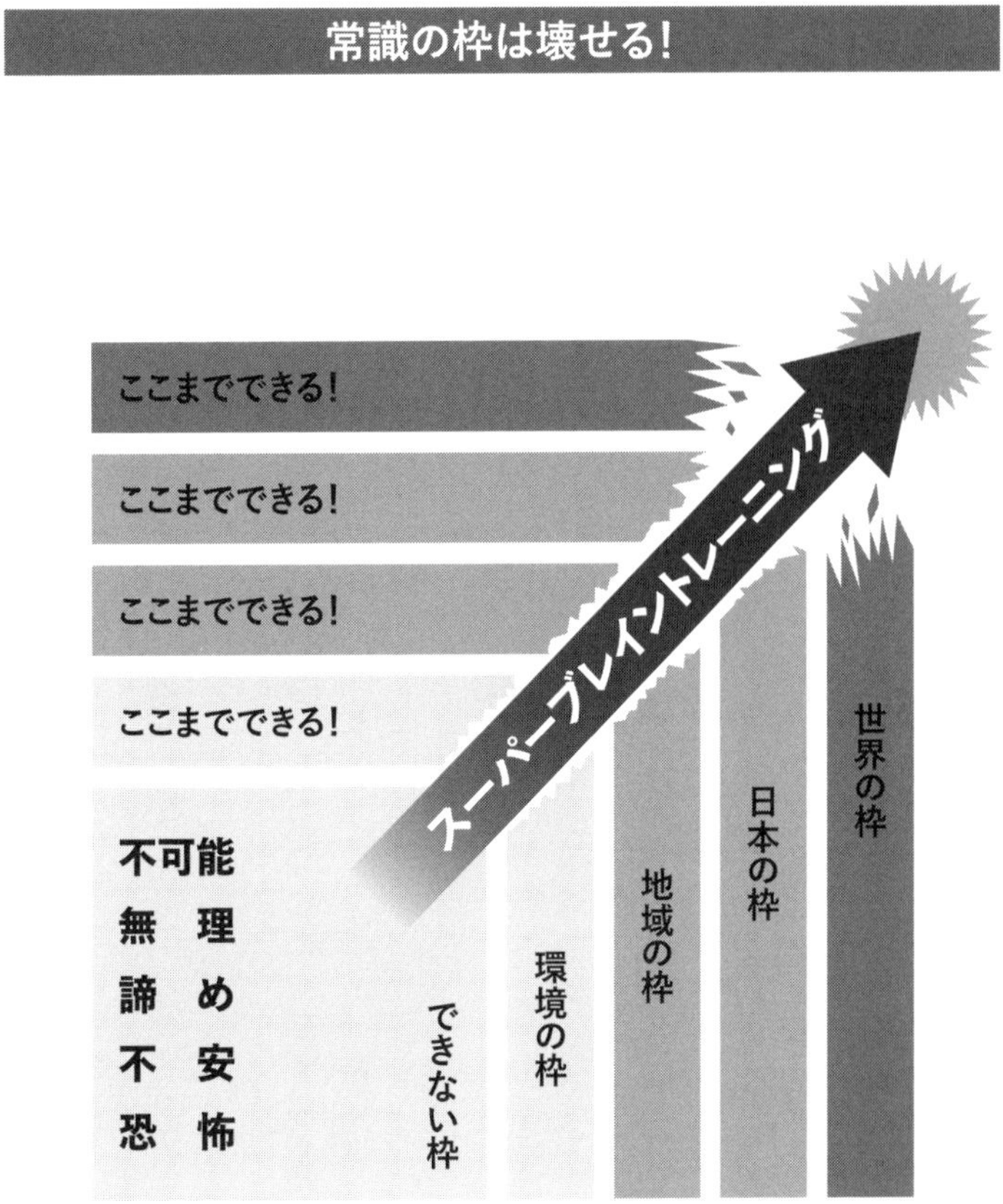

SBTで常識の枠を壊す

という強い意志を表情に浮かべている部員もいました。

本当に日本一を目指すのであれば、彼らにはそれが実現できると、強く思い続けてもらわなければいけません。よって、最初に彼らのもっている常識の枠を取り払う必要があったのです。

彼らの中で誰も甲子園を経験していないわけですから、口では目標は日本一と言いながら、現実はその目標がとてつもなく遠く思えたかもしれません。


「常識の枠」とは非常に厄介なものです。

ひとつには、この**「常識の枠」は、目で見て確認できないからです。**人の行動にとてつもなく大きな影響を与えている存在なのに「自分には『常識の枠』なんてないよ」「これまでの経験なんて今後の生活にどんな影響があるんだ」などと思っている人が多いのです。

もうひとつは、**「常識の枠」を構成している要素が、大事な場面でミスをしたことや、できなかったこと、失敗したこと、といった否定的なデータであることです。**しかも、このような否定的なデータが、何か行動を起こそうとする際、強烈なブレーキをかけるのです。

「過去に同じようなことで失敗した。今回もまた失敗しそうだから、やめておこう」

「常識の枠」は、そう訴えかけてくるのです。

では常識の枠を破ることができる人はどんな人なのでしょうか。それは、常識の枠なんてないと思っている人なんです。

さえない男性が高嶺の花の女性に告白して、うまく結ばれるというラブストーリーは昔から定番ですが、これは主人公が自分はあの女性と付き合える、そう信じていたからこそ、結果がついてきたのです。

ドラマの脇役たちは、最初から無理だと諦めて、アプローチすることさえ臆病になっています。その一方で、主人公は果敢《かかん》にアタックを続けます。脇役と同じように、「自分なんてどうせ無理だ」と思っていたら決して素敵な女性と付き合うことはできなかったでしょう。

同じように塾高の生徒は、根拠の有無にかかわらず、自分たちは優勝できると信じていたのです。「常識の枠」を打ち破ったことで彼らの快進撃は始まったのです。

KEIO Mental #08

自分は成功できると強く念じる

「勝ちグセ脳」がパフォーマンスを変える

あなたはプラス思考人間でしょうか。

自分は悲観的な性格だという人もいれば、自分は楽観主義者だ、と胸を張っていえる人もいるでしょう。

ではどれだけプラス思考なのかと聞かれれば、答えようはありません。一般的な生活を送る中で、プラス思考の度合いを測る機会などほとんどないからです。

プラス思考は非常に重要です。逆に言うと、マイナスの思考がアスリートのパフォーマンスにいい影響を与えることはありません。

たとえば、大きな試合の勝負どころでミスをしてしまった記憶は、その選手を一生苦しめる可能性さえあります。そして、自分はなんて勝負弱いんだと常にさいなまれ、実際にチャンスの場面でも、失敗の記憶が手足を萎縮《いしゅく》させます。そんな状態でいいパフォーマンスなど期待できるわけがありませんから、失敗を重ねて、そして「やっぱり俺はチャンスに弱い」という記憶をさらに補強することになります。

これまでＳＢＴ（スーパーブレイントレーニング）を実践する中で、印象的だった生徒がいます。

スポーツではないのですが、ＳＢＴメンタルコーチとしての活動を始めた当初に、中学受験を控えた男の子をサポートしたことがありました。

中学受験は昔と比べて白熱していて、東京都心ではクラスの3分の2が中学受験をするという学校もあるそうです。

受験勉強を続けるだけで十分偉いと思うのですが、その子は、思ったように成績が上がらず、モチベーションもどんどん下がっていました。

12歳の少年の心なんて、とても不安定ですから、ふとしたことで簡単に気分は浮き沈みします。私はそれをどうにか上向きに切り替えることに注力しました。ちなみに、その子には勉強は一切教えていません。

その子は、自分から中学受験をしたいと言い出したそうです。自分から言った手前、勉強しなくちゃいけないという気持ちはあるものの、どうしてもやる気が上がらず、気がつくとボーッとしてしまう時間が増えていました。

それを見かねた親から「勉強しなさい」という声がかかります。そうなると、さらに気持ちがマイナスに振れて、やる気が消失。家族の雰囲気は最悪になってしまいます。そんな日々に疲れてしまったご両親からお声がかかったというわけです。

最初に行ったのは、彼がやる気を出すワードを探すことでした。

「がんばれ」「しっかりしなさい」「あなたのためなんだから」

もちろん彼のためを思ってのことでしたが、常に息子にハッパをかけようと親が投げかけた数々の言葉は、逆に彼のやる気をそいでいることがわかりました。

彼とふたりで話し合った結果、「成長しなさい」といわれると、ネガティブな気持ちにならないことがわかったのです。

もちろんそのことを両親にも伝えました。彼は成長したいと強く心の中で思っている。そして、自分は成長できると信じていました。そして、親ももちろん彼の成長を願っていました。

そのあとは、**成績ではなく、成長に焦点を合わせ、**その進展度合を目標に置き、ひとつひとつ目標を達成しようと、彼は一心不乱に努力し始めました。トイレにも成長しようと書いた紙を貼っていたそうです。思い返せば、中学受験をしたいと言い出したのも、勉学を愛する素晴らしい仲間がいる学校で成長したいと思ったからでした。

その結果、彼の成績は急激に上昇し、志望校の中学に合格することができました。

彼は「絶対に自分は成長できる」と信じ続けることができ、プラス思考の人間に〝変身〟したわけです。

塾高の選手も、甲子園にも行ったことがないのに、「日本一」を目標に掲げたので、ほかの学校から笑われたり、からかわれたりもしたそうです。

しかし、私はこの目標に対して異論はなく、とても素晴らしいものだと思いました。

なぜなら「上昇思考」と「プラス思考」がないと設定できない目標だからです。

「この練習をしてもどうせ勝てない」

「目標が高すぎるからどうせ無理」

そう思いながら行う練習に果たしてどれくらいの成長が見込めるものでしょうか。

実際に対戦相手を思い浮かべながら、前向きな気持ちで行う練習のほうが絶対に効果的ですよね。

「自分は絶対に成功できる」

「この目標は達成するためにある」

そう考えながら練習することでやる気は上がり、パフォーマンスも劇的に変化します。私はプラス思考の中でも、以下の3つを重要視しています。

・自分を信じることができるか
・どんなに苦しい状況でも気持ちを最高の状態に保つことができるか
・夢に本気で挑戦した時にぶつかる壁を超えることができるか

プラス思考は大きな目標を達成する上で欠かせません。**そしてプラス思考をもちながら日々を過ごすことで、“脳の力”が最大限発揮できる状態＝「勝ちグセ脳」を手に入れることができます。**そう、塾高の選手は「勝ちグセ脳」を身につけていったのです。

次ページにプラス思考の強さを測るメンタルチェックを用意しました。

番号が偶数になっている項目は「常にそうである」が3点、「たまにそうである」が2点、「あまりない」が1点、「まったくない」が0点です。逆に奇数は「常にそうである」から順に0点～3点となります。12項目の合計点を2で割った数字が、あなたのプラス思考度です。

参考までに、プロ野球の一軍選手の平均が13弱、高校野球選手の平均が8・5です。

プラス思考度判定

1	悪い過去の結果を引きずるほうである	常にそうである	たまにそうである	あまりない	まったくない
2	生活をいつも楽しんでいる	常にそうである	たまにそうである	あまりない	まったくない
3	自分は気持ちにムラがあるほうである	常にそうである	たまにそうである	あまりない	まったくない
4	相手が強いほど闘争心が湧く	常にそうである	たまにそうである	あまりない	まったくない
5	仕事（練習）がつまらないと思うことがある	常にそうである	たまにそうである	あまりない	まったくない
6	自分は運が良いと思っている	常にそうである	たまにそうである	あまりない	まったくない
7	自分は他人と比べて弱い点があると思っている	常にそうである	たまにそうである	あまりない	まったくない
8	一度目標を決めたら必ず達成する自信がある	常にそうである	たまにそうである	あまりない	まったくない
9	つらいことがあるとつい口に出してしまうほうだ	常にそうである	たまにそうである	あまりない	まったくない
10	自分の力を信じている	常にそうである	たまにそうである	あまりない	まったくない
11	弱音を吐くほうである	常にそうである	たまにそうである	あまりない	まったくない
12	将来自分は必ず大物になると思っている	常にそうである	たまにそうである	あまりない	まったくない

KEIO Mental #09

目指すのは赤ちゃんの頃の潜在意識

潜在意識を赤ん坊に戻す

常識の枠を壊そう。私はこれを塾高の生徒に、繰り返し伝えました。

自分たちは日本一になれる、極論を言えばどんなことでもできる、そう思える精神状態が理想だからです。

私が言ったことは突拍子もない理想論であり、かなり無理があると思った方もいるでしょう。でも、実はあなたにもそんな最高にプラス思考で無敵状態の頃があったのです。

答えは赤ちゃんの頃です。

赤ちゃんの脳の中に「自分はこれができない」という情報が入っていません。たとえば床にネジが落ちていたら、そのまま口に入れて食べようとします。

それは「これは食べられない」とは考えてもいないからです。しかし、それを口にして痛い思いをして「ネジは食べられない」ということを知り、経験を積んでいきます。

私たちは成長するにつれて、なんでもかんでもできると思っていたら命を守れないと気づき、生きていくために、生き残るために、自分の万能感を失っていくのです。幼い頃、自分は何にでもなれると思っていたのに、気がついたら、できないことばかりが頭に浮かんでしまう。

プラス思考は年齢とともにどんどん失われていくといっていいでしょう。

幼稚園の頃、もしも、誰か大人が幼稚園児に向かって、「かけ算ができないから、あなたは小学校に行けないよ」といっているのを見たら、あなたはどんな気分になるでしょうか。

「なんてバカなことをいっているんだ。幼稚園でかけ算を習っていないだけじゃないか。かけ算なんて小学校で習えば、自然にできるようになる。なぜ、その子の可能性をつぶすようなことを平気で言うのか」と思いますよね。

しかし、大人はだんだん自分たちの価値観や基準で子どもを型にはめようとしてしまうのです。

小学校低学年で計算が苦手な子がいたら、算数以外に期待を寄せます。

小学校低学年で走るのが遅い子がいたら、運動以外の勉強を一生懸命がんばらせようとします。

こうして、だんだん能力を周囲が規定し始めるのです。

高校3年春の模試で、入りたいと思っていた大学で「E」判定が出てしまったとします。受験まであと1年もない。担任の先生や親からは「高望みもいいけど『C』判定が出ている大学もきっちりと視野に入れなさい」と言われます。

なぜ幼稚園児は「今かけ算ができないのだから、1年後もきっと無理。だから、小学校へ行くのはやめておいたほうがいい」とは言われないのに、高校生になると、周囲も自分も可能性を信じられなくなるのでしょう。

これと似たようなことが、大人になればなるほど起こってきます。なぜなら、大人たちはそれぞれ自分自身の「常識の枠」に当てはめてモノを語るからです。

2018年以来、甲子園と縁がなかった塾高の生徒が、日本一という壮大な目標を立てると、分不相応云々と周りから揶揄《やゆ》されることもあったようです。

しかし、誰ができないなんて決めたのでしょう。

自分たちはなんでもできる。なぜそう思えなくなってしまったのでしょうか。

彼らはまず自分たちは目標を達成できると、強く信じることから始めました。日本一になるためなら、些細《ささい》なことはどうでもいい。彼らはそうやって古くからの習慣に風穴を開けてきました。

彼らの自由な髪型が取り沙汰されたこともありました。彼らにとって野球で日本一という大きな目標に向かって走り始めるにあたり、髪型なんてどうでもよかったのです。実際に1年前のキャプテンは坊主頭でしたから。

「無理だよ」「できないよ」と思わずに毎日を生きる。根拠の有無にかかわらず「できる」と思う、赤ん坊の頃の潜在意識の状態に戻していく。

それこそが、「勝ちグセ脳」のつくり方なのです。

KEIO Mental #10

有名アスリートと自分の脳を入れ換える

高いところに視座を置く

人間の脳はどれだけ優秀で賢いのでしょうか。

質問すると、たいていの人は「脳というのはとても高度な処理をしたりするから優秀なものである」と答えます。それは間違いではありません。ただ、**脳は思ったよりも純粋で、ある意味で「単純」です。**

たとえば、現実の世界と、想像の世界で起こったことを区別することができません。

レモンをかじる様子を思い浮かべると唾液が出てくるのがいい例です。食物を咀《そ》嚼《しゃく》する時、脳が唾液を出すように指示を出し、自律神経が唾液腺の組織を刺激して唾液を出すのですが、食べ物が口の中に入っていなくても、先ほどの状態を思い浮かべただけで唾液が出るのです。

同じように、脳はイメージトレーニングをすることで、最高のパフォーマンスを発揮することができるようになります。大事なのは常に成功をイメージしてトレーニングすることです。世界で活躍するトップアスリートはそれを実践していますし、その有用性が実証されているのです。

バンクーバー五輪で銀メダルに輝いた浅田真央選手は、ジュニア時代に2回転から3回転にステップアップする時にとても苦労したそうです。彼女は常に3回転を飛ぶイメージトレーニングを行い、リンクでジャンプをしていたといいます。失敗続きの浅田選手でしたが、ある日イメージの中で3回転を成功させる映像が浮かんだそうです。その後、彼女はリンクで3回転を成功させ、その後ジャンプの天才と言われるようになったのです。

では、実際にイメージトレーニングとはどのように行うのでしょうか。おすすめしたいのが、有名アスリートと自分の脳をスポッと入れ換えてしまうという方法です。

①あなたにとって憧れの野球選手を、まず誰か1人思い浮かべてください。
②あなたの脳が、その選手と入れ換わったと想像してください。
③あなたはその選手になりきって、一日を過ごしてみてください。

たとえば、あなたが頭に思い浮かべたのが大谷翔平選手だとしましょう。大谷選手だったらどんな1日を過ごしているのでしょう。朝起きて最初にする行動から、いつもの自分とまったく違うかもしれません。食事だって健康を気づかい、体にいいものを摂取していることでしょう。

練習だって決して手を抜くことはありません。その一方でとても合理的で、自分自身としっかりと対話しながら練習を進めていることでしょう。

試合の際も、対戦相手と余裕を持って対峙しています。だってあなたは大谷選手なのですから。

このように高いところに視座をおいて練習をすることで、あなたがどんな練習をしたら、素晴らしい結果を残せるのか、なんとなくわかるのではないでしょうか。

塾高の生徒たちは、最初に日本一という目標を立てました。その後、彼らは日本一になるためにはどうあるべきか、日本一のチームはどんな練習をすべきかと、イメージを広げていきました。それを繰り返すうちに、甲子園に出たことがなかったチームが、日本一になるために必要で日本一にふさわしい練習をできるようになったのです。

大事なのは自分のいいイメージをどんどん広げていくことです。いいプレーをするイメージを常にもちながら、日頃からイメージトレーニングを意識して行うことが大事なのです。

KEIO Mental #11

なんのために努力しているのかを常に意識する

夢目標は自分の実力を度外視していい

塾高には素晴らしいお手本がありました。それは慶應義塾体育会野球部（塾野球部）です。

私が指導に入っていた塾野球部は、２０２１年に東京六大学野球リーグ戦で30年ぶりに春秋連覇を果たし、さらに同年６月の全日本大学野球選手権大会でも34年ぶりの日本一に輝きました。

「大学のように、自分たちも日本一になる」。高校生の兄貴分ともいえる大学チームの快挙は、高校生たちに「自分たちもやればできる」という勇気と希望を与え、日本一という具体的なビジョンを描きやすくしてくれました。

日本一になるためには練習をしなくてはいけません。野球強豪校の練習というのは、大変レベルが高いものです。根性練習などというものは過去のものですが、楽なことばかりやっているわけにはいきません。苦痛を伴う地味で地道な練習も必要です。

私は塾高の選手たちに、自分がなんのためにそうした厳しい練習をしているのかを考えてもらいました。まず「野球は好きですか」と尋ねます。「好きです」と返答があると、「ではなぜ、苦しく厳しい練習をしなければならないこのチームで野球をするのか」と改めて尋ねます。なぜなら、ただ「野球が好きだから」ということであれば、サークルとか近所のチームでだっていいわけです。その方が楽なわけですから。するとと「慶應のユニフォームを着て野球をやりたいからだ」と言います。さらに「なぜそう思うのか」と聞くと、「かっこいいから」「将来、東京六大学野球を慶應でやりたいから」という答えが返ってきます。

「ということは、ある程度きつい練習は覚悟する必要があるよね」と尋ねると、彼らは大きく頷いてくれます。

ここでいう草野球とは趣味として楽しんでいる野球を指しますが、もし、草野球を楽しいと思って満足している子たちに、彼らと同じ練習を課したらどう思うでしょう。間違いなく音《ね》を上げるはずです。

これは、「自分がこうなりたい」という目標と願望のレベルを上げれば、それだけ練習も合わせてつらくなる一方で、苦しく、厳しい練習にも辛抱できるようになるのです。

SBTでは目標を達成している様子のことを「夢目標」と呼んでいます。この後4

章でも詳しく説明しますが、その夢目標は、現在の自分の実力を度外視したものでかまいません。

私はかつて「いつか宇宙に関わる仕事がしたい」という生徒をサポートしたことがあります。そのためにはどうしたらいいかを考えてもらいました。

「宇宙の研究で日本一の大学に行く。つまり東大に行く」

では、東大に行くにはどうしたらいいのでしょう。入試までどれくらいの時間があるのか、いつまでに、何を、どのくらいのレベルにまで仕上げる必要があるのかをイメージしてもらいました。受験で受かるためにはどうあればいいかを尋ねると、「模試でB判定を取る。そのためには得意な科目を伸ばし、苦手科目を減らす」という返答があったため、それを実現するための行程を考えてもらいました。これはB判定という具体的な目標があったことで、明確になったわけです。

高い目標は遠すぎて忘れそうになりますし、叶いそうには思えませんが、手前にすこし頑張れば手がとどくような小さな目標を数多く置くことで、少しずつ努力をすることの大切さを実感してもらったのです。

最初に今自分がどこにいるかを把握し、夢目標と、それを実現させようと思う目的を明確にする。そして夢目標が実現した状況から逆算して、小さな目標を設定する。そしてひとつひとつ壁にぶつかりながら乗り越えていく。

「目標　KEIO日本一」「目的　恩返しと常識を覆す」

彼らは日本一という高い目標と崇高な目的があったからこそ、努力を続けることができたのです。

KEIO Mental #12

目標を設定して しっかり見定める

夢目標を見つめていればブレない

目標を立ててそこに向けて邁進をする。なんとも美しい話ですが、周囲から雑音が聞こえることがあります。

「目標が高すぎる」「もっと現実的なところからクリアしたほうがいいのでは」そんな周囲の声。これをSBTでは「ザワザワ」と呼んでいます。ザワザワはいつだって私たちのすぐ近くにあります。

パソコンやスマホの画面を見ている自分の顔の前で、視界を遮るように自分の手のひらを上下に振ってみてください。明らかに鬱陶《うっとう》しいし、目障りです。そのうち手のひらが気になって、目の前の画面などどうでもよくなってきます。

「やめておけ」「無理だよ」という「ザワザワ」は、目の前で振られている手のひらのようなもので、あなたの視界（ビジョン・目標）を阻害するものなのです。

新しいセーターを着た時の、首のチクチクもそうですね。一度気になりだすと、どうにもならなくなって、家に帰ってクローゼットの奥に放り込んでしまった経験があるでしょう。このように、ザワザワはいつだってあなたの邪魔をするのです。

さて、世の中には天才といわれる人たちがいます。アインシュタインやエジソンは決して勉強全般ができたわけではありませんでした。彼らに共通していたのは、強力な成功のイメージを頭に描いていたことです。

エジソンは電流を光に変えるフィラメントの実験を繰り返していたとき、2000もの素材を試したのになかなか成功せず、ついには奥さんから「諦めたらどうか」といわれると、「おそらく5500種類は素材があるから3500種類を試せばいいだけだ」といったそうです。

このエピソードはとても印象的です。なぜなら、彼の頭の中には遠くで光っている電球の絵が浮かんでいたからです。決して周囲のザワザワ（これは親切に端を発していたりするのでなおさらやっかいなのです）に流されることはありませんでした。

ザワザワは人の心から未来のイメージを奪います。ザワザワは日々の成長を邪魔します。

ザワザワから距離を取れればいいのですが、それは無理です。なぜかといえば、自分の心の中にもザワザワの因子が眠っているからです。

練習がうまくいかない時に、「このままでは無理かも」そういう気持ちが首をもたげることもあるでしょう。

私は生徒に「ザワザワ」とどう向き合ったらいいかを気づいてもらうため、ある実験をしました。最初に、彼らの目の前で、先ほどのように手を振り続けました。それも至近距離で。もちろん「とても鬱陶しい」と誰もが口を揃えました。

次に、遠くの壁に星マークを投影し、そこをしっかりと見るように促しました。そうすると不思議なことに、目の前で手を振ってもそれほど気にならず、星マークを視界の中に留めておくことができたのです。

これは、最初の実験では目の前で振られた手から目を逸らそうとして、ほかに意識がいっていたのですが、次に行った実験では、一点を集中して見ようとしたため、逆に気にならなくなったのです。

このようにしっかりと目標を設定して、集中して見つめると、周囲のザワザワに流されることがなくなるわけです。

登山が楽しいのは、山頂というゴールがあるからです。山頂から見る美しい景色を想像すれば、一歩一歩は苦しくても、前を向いて登れます。

マラソンもそうですね。マラソンに初めて挑戦する人は、最初は42・195キロメートルなんて走れると思えなかったと口を揃えます。

しかし、1キロ、1キロと積み重ね、10キロ、20キロと走り続け、気がつけばゴールテープを切っています。夢目標を見据えながら、目の前の小さな目標をひとつひとつクリアしていくことが、最終的に大きな成果につながるのです。

塾高の生徒は、たとえザワザワに邪魔されても、日本一という高い目標を見失わなかったのです。

慶應義塾高等学校野球部の声③

庭田芽青《めいせい》君（内野手・メンタルチーフ）

「どんな形であれチームに貢献したい」

僕が2年の頃、吉岡さんがチームを見てくれるようになり、メンタルチーフという役割ができました。各学年に募集がかかった時に手を挙げたのは、どんな形であれチームに貢献したいと思ったからです。それまでもメンタルトレーニングを学んでいたので、どんなことをするのか興味もありました。

「目標、ＫＥＩＯ日本一。目的、恩返しと常識を覆す」。ナインが練習前に円陣を組んで唱和を行うことにしたのは、「何のために練習をしているのか」という目的を再確認するためです。

練習では吉岡さんと相談して、「ビジョンセット」という話し合いを企画しました。選んだテーマに沿って話し合い、チームの理想像を常に共有するようにしました。

チームで最初の変化を感じたのは、2年秋の県大会準決勝、日大藤沢戦です。7―2とリードしていたのですが、松井がマウンドに上がった8回裏に3点取られ、さらに9回も1点取られて、相手は押せ押せムードでした。

2アウト満塁で1点差。さらにバッターボックスにはいい打者がいる。勝てば春の選抜につながるという試合でしたが、誰も緊張することなく、ベンチも一体になってマウンドの松井に大きな声援を送りました。

本当にあとがない状況でしたが、みんながいい顔で、これまでの練習が生きてるなって感じたんです。

僕は野球では貢献できなかったんです。選手として試合に出るのは難しいと思っていました。多くの中のひとりの選手として中途半端なままだと、チームに貢献できないと思ったからメンタルチーフに立候補して、少しは役に立てたかなと思っています。庭田がいるから強いチームになったと思ってくれたら嬉しいです。

夏の甲子園が終わったあとはボーッとしてしまって、日本一になった実感がようやく遅れて湧いてきました。

3年間は長いような気がするけど、終わってみたら、一瞬だったなと思います。

慶應義塾高等学校野球部の声④

大鳥遥貴《はるき》君（主務）

「みんなが常にポジティブな未来のイメージを持っていました」

練習が終わったあとに、グラウンドから駅までの帰り道はみんなで話しながら帰るんですが、他愛もない話をしてぶらぶらと歩くのが楽しいんです。みんな仲がいいので、帰りのメンバーは特に決まっていません。試合中は監督の横にいるのですが、いつもボヤいてて、それを聞いてます。サインを出したあとに「あいつできるかなあ」とか、あるいは配球に対してもぶつぶついっててそれを聞くのが好きですね。みんなも森林さんに遠慮なくズケズケと意見をいいます。森林さんは甲子園の時はずっと黙ってましたね。甲子園も、県予選もかわらずやっていたし、選手もベンチの雰囲気は変わらなかったのが良かったのかなって。ＳＢＴの効果を強く感じました。

チームの雰囲気が良い方向に変わっていったのは、先輩の代から僕たちの代に変わったあたりからです。1個上の選手は能力も高かったし、比較的クールな感じでした。自分たちは、上に比べたら実力は劣っていたけど、練習も試合もとにかく元気でした。誰かがミスしても、責めないし、みんながチームやチームメイトの課題を自分ごととしてとらえるようになったのも感じました。練習中、僕はいつも近くの管理棟にこもっているのですが、そこまで聞こえる声の量も明らかに変わってきました。

大会を通して感じたのは、勢いをつなげられるようになったことが大きかったのかなと。これまでも初回で先制することが多かったけど、失速することがありました。でも、2023年は最後まで集中が途切れず、勢いを絶やすことなく、終盤までもっていけました。

試合中もポジティブな声掛けがずっとありました。攻守交代の時の「ありがとう」をはじめ、雰囲気はいつも明るかったです。みんな常にポジティブな未来のイメージを持っていました。それは劣勢の時も変わらなかった。

僕の好きなチームがどんどん変わっていけたことが嬉しかったですね。そして大好きな仲間と日本一になれて本当に良かったと思います。

この先は高校に残ってコーチをするか、大学の野球部に入るか悩んでいますが、チームメイトでも、後輩でも、誰かの力になれたら良いと思っています。

3章

慶應義塾との出会い

慶應義塾体育会野球部
堀井哲也監督とのご縁

学生時代からの知己かつ大親友であり、大学卒業後最初に勤めた神戸鉄鋼所で同期入社にもなった、ラグビー元日本代表監督の平尾誠二君とは三十代半ばまで、よく組織のリーダー論を戦わせていました。私が日本航空に転籍してからも交流は続きました。

ＳＢＴを学ぶようになり、多くの出会いにも恵まれました。

最初にスポーツと携わったのが２０１８年、札幌日本大学高等学校野球部でした。日本航空在籍時に札幌に赴任したこともあり、札幌は度々訪ねていました。ＳＢＴの個人向けのライセンス講座を札幌で開催した時に、たまたま札幌日大野球部の監督が参加され、ぜひうちの部に関わっていただけないかと、お話をくださったのがきっかけです。

当時の札幌日大の成績は、全道大会には進むものの決勝戦の壁が立ちはだかり、甲子園の出場回数は春1回、夏0回でした。

私が携わって2年目、2019年10月、秋季北海道大会で準優勝。2021年5月の春季大会では優勝、同7月の夏季大会では惜しくも決勝で北海高校に敗れ、夏の甲子園大会出場を逃しました。

塾野球部へのご縁は、2021年1月に東京で開催したSBTの個人向けのライセンス講座を堀井哲也監督がご受講くださったことがきっかけです。堀井監督はその内容に興味を覚えられたようで、「まず、4年生幹部部員と主力選手10名に受講させ、その反応を見たい」と、提案をいただきました。

この時、私からは人間学を学ぶ月刊誌『致知』を活用した勉強会についても提案しました。これについては、あとでお話させていただきます。

堀井監督は選手の主体性の確立を何よりも重んじておられます。それは野球での成功の先にある、人間としての成長を重要視していらっしゃるからです。

・目的は人格形成
・学生の自立を促す
・学生の多様性を尊重する

堀井監督はこの3つを掲げていました。学生の判断を最優先にしたいと、その上で導入を考えたいと。

すぐに、主将、副将、主務など含め対象者10名が集められ、彼らに堀井監督が受講されたSBTのライセンス講座を学んでもらいました。その結果は好評で、すぐさま同内容を4月から始まる春季リーグ戦ベンチ入りメンバー対象者約30名までに拡大されることになったのです。

彼らにメンタルと脳との関わり、そして感情のセルフコントロールの重要性について説明したところ、彼らは目を輝かせてくれました。

塾野球部の目標は「リーグ戦優勝、早稲田に勝つ、日本一」です。そのために、ぜひSBTが必要なのだと言ってくれました。2021年2月のことでした。

その時に私が感じたことは、彼らがとても素直だということ。人間というのは、年齢を重ねるとどんどん素直さが消えていきますが、彼らはＳＢＴの講座受講後、日本一になれる絵が浮かんだのでしょう。「日本一になるためだったらなんでもする」と口を揃えてくれました。

効果はすぐに表れました。

２０２１年の春季リーグ戦初戦で法政大学にノーヒットワンランで敗れはしましたが、プレーの良し悪しにとらわれることなく、常に堂々とした態度や表情を貫き通すことができていました。その後の試合も声のトーンや、ふとした時に見せる表情などから、自分たちに自信を持っていることが、スタンドからでも感じることができ、見事に六大学春季リーグ戦で優勝し、そのままの勢いで全日本大学野球選手権大会、そして秋季リーグ戦も優勝しました。

当時のキャプテン福井章吾君は、素晴らしいリーダーシップを持った選手でした。日本一になりたいという彼の強い思いのおかげで、ＳＢＴがチームに素早く浸透していったのです。

慶應義塾高等学校野球部森林貴彦監督との出会い

塾高から話が来たのは、2021年の8月の終わり頃でした。

塾高は甲子園に出場しない夏には例年、北海道に遠征して札幌日大や札幌の高校と練習試合を行なっていました。その中で札幌日大の森本監督が自チームで取り組んでいるSBTについてお話ししてくださっていたことが、塾高とご縁をいただくきっかけになりました。お兄さんチームともいえる塾野球部も同じようにSBTを導入して大きな成果をあげていたことも念頭にあったようです。

森林監督ご自身が、このままでは中途半端な成績で終わってしまうという危惧を抱かれていたということは、のちに知りました。

当時はコロナ禍の真っ最中で、選手は長い時間を共有することができなかったため、80人ほどいた部員を4つのグループにわけて、それぞれ2時間×4回、8時間の講習を4セット行いました。

彼らは「KEIO 日本一」という目標を掲げていましたが、それが現実的なのかを問うと、やはり全員が自信に満ちているとはいえない雰囲気でした。

では、目標を下げたらいいかといえば、それは違います。私が彼らに伝えたのは、自分たちが掲げた目標に対して「ワクワクしなさい」ということでした。

目標と共に、目的についても考えてもらいました。なぜ、その目標を実現させようと思うのか、です。ただし、目標や目的に対してワクワク感を抱いているだけの場合、大きな壁に直面すると乗り越えられず、くじけてしまう可能性が非常に高くなります。

そこで、目標にはワクワクの要素を、目標あるいは目的の中に誰かのためにという要素を加えてもらったのです。

すると、苦しい場面に直面してもすぐに諦めず、もう一踏ん張りできる。これまでお世話になった人に恩返しをすること。誰かのためにがんばることは大きな力になるからです。

そして、常識を覆す。いろいろなチームがある中で、自分たちのスタイルで勝ち続ける。髪型もそうですね。伝統にとらわれないスタイルで古き高校野球界に風穴を開けたいと思ったのです。実に彼ららしい自由な発想だと思いました。

そして、彼らには毎日の練習前に3点ポーズ（No．1ポーズ）を示しながら、目標と目的、スローガンの唱和をすすめました。なぜなら脳は口にしたことを実現しようとする特徴があるからです。そして3点ポーズに目標と目的をリンクさせる意味があったからです。

私は普段、月に数回グラウンドに顔を出す程度ですが、質問や相談はLINEなどで随時受け付けています。各学年にはメンタルチーフと呼ばれるスタッフがいて、選手のメンタル面を整える手助けをしています。私は彼らとも緊密に連絡を取り合い、選手が試合に向けて最高の状態でプレーできるよう、心を配っています。

3年の庭田君は選手としてレギュラーを取りたい気持ちもあったでしょうが、チームに対して最大限貢献できることを考えた上でメンタルチーフに立候補してくれました。

2022年秋から主将となった大村昊澄《そらと》君は、2021年に大学三冠を達成した時の主将福井章吾君を心の底から尊敬していました。チームの精神的支柱として活躍するという共通項のあるふたりですが、大村君はずっと福井君のようになりたいといっていたことをよく覚えています。

大村君は「大学日本一」を実現した福井先輩を越える主将になりたい。そのために強い決意を持ってがんばったことがチームに良い雰囲気をもたらしたのは間違いありません。

107年ぶりに夏の甲子園を制したチームは、とにかくキャプテン大村君の存在が大きかったのです。彼は事あるごとに「日本一」を口にし、練習前に毎回皆で目標「KEIO 日本一」、目的、スローガンを唱和していました。そうやって志を高く掲げ、そうして彼らは日本一に輝きました。

エンジョイベースボールとSBTスーパーブレイントレーニング

今夏の甲子園で大躍進を遂げた塾高野球部。彼らのエンジョイベースボールは大きな話題になりました。

昭和初期に塾野球部の監督を務めた腰本寿さんが、当時の日本の野球が、つらいことに耐えて勝利を勝ち取るという修行のようなものになっていたとして、スポーツ本来の明るい発想が必要だと打ち出した考え方です。

塾高野球部の部訓にもある「Ｅｎｊｏｙ Ｂａｓｅｂａｌｌ（スポーツは明るいもの、楽しいもの）」。野球とは楽しくあるべき。これは本当に素晴らしい考えだと思います。

エンジョイベースボールとは、大好きな野球を高いレベルで楽しみたいのなら、強くなるために主体性をもって一生懸命練習しよう、といった考え方ともいえます。

価値観は多様であるべきですが、従来の厳しい練習をして勝ち続けているチームも

●この本をどこでお知りになりましたか?(複数回答可)

1. 書店で実物を見て　　2. 知人にすすめられて
3. SNSで(Twitter:　　Instagram:　　その他　　)
4. テレビで観た(番組名:　　)
5. 新聞広告(　　新聞)　　6. その他(　　)

●購入された動機は何ですか?(複数回答可)

1. 著者にひかれた　　2. タイトルにひかれた
3. テーマに興味をもった　　4. 装丁・デザインにひかれた
5. その他(　　)

●この本で特に良かったページはありますか?

[　　]

●最近気になる人や話題はありますか?

[　　]

●この本についてのご意見・ご感想をお書きください。

[　　]

以上となります。ご協力ありがとうございました。

郵便はがき

お手数ですが
切手を
お貼りください

1 5 0 - 8 4 8 2

東京都渋谷区恵比寿4-4-9
えびす大黒ビル
ワニブックス書籍編集部

お買い求めいただいた本のタイトル

本書をお買い上げいただきまして、誠にありがとうございます。
本アンケートにお答えいただけたら幸いです。
ご返信いただいた方の中から、
抽選で毎月５名様に図書カード（500円分）をプレゼントします。

ご住所　〒 TEL（　　　-　　　-　　　）	
（ふりがな） お名前	年齢 歳
ご職業	性別 男・女・無回答
いただいたご感想を、新聞広告などに匿名で使用してもよろしいですか？　（はい・いいえ）	

※ご記入いただいた「個人情報」は、許可なく他の目的で使用することはありません。
※いただいたご感想は、一部内容を改変させていただく可能性があります。

ある一方で、慶應の標榜するエンジョイベースボールを行うチームも増えているようです。塾高の生徒は、エンジョイベースボールを実践し、優勝という最高の結果まで手にしました。

エンジョイベースボールをSBT風に言い換えると、苦しみを楽しみに変え成長を促す野球、どのような局面でも真のプラス思考が機能する野球といえるでしょう。

真のプラス思考を一言で説明すると、マイナスの事態を想定し、その対応策も含め、事前準備をしっかりとしておくこと。だからこそ試合を楽しめるのです。

2022年秋季県大会準々決勝の東海大相模戦。その2カ月前の夏の甲子園出場をかけた県予選準々決勝で0―9で負けた相手でした。

選手たちは試合前に「リベンジ」という目標を掲げようとしました。しかし、私はストップをかけました。そして「リベンジではなくチャレンジ」でと伝えました。

というのは、リベンジという言葉は「勝たなければいけない」という思いを強めてしまう可能性があります。リベンジ＝復讐ですから、絶対に負けられないですよね。勝たなくちゃいけないという思いが強くなると、自分自身にプレッシャーをかけてしまうことになるので、行動力が落ちてしまうのです。

彼らが一番実力を発揮できるのは、プラスの感情の時です。彼らにはいつも「ありがとう」「チャレンジ精神」「いい顔」の3点を大切にしようと伝えていました。

森林監督も常に選手に「いい顔をしなさい」と言っていましたが、いい顔≠笑顔ではありません。勝負どころで笑顔って、何となく違和感がありますよね。甲子園で印象的だったのが、広陵高校戦で渾身のストレートで三振を奪ったあとで見せた、投手の松井喜一君のキリッとした顔。あれこそがいい顔の典型例です。

エンジョイベースボールとは、レベルが高い野球を楽しむこと。レベルの高い相手と戦うためには厳しい練習も必要。その結果、仙台育英のような素晴らしい相手と試合ができたのです。

そういう高いレベルの試合ができること自体が楽しい。さあ野球を楽しもう、となればしめたもの。

エンジョイベースボールには、主体性も欠かせません。うまくなるためにはどうしたらいいか。誰かに指示されるだけではなく、自ら考えて行動する必要があります。ですからこちらから提案することもありましたが、それ以上に、自分たちで考える余地を残すよう心がけました。

試行錯誤して自ら得た答えは貴重です。そういう経験自体が、人としての成長につながりこの先社会に出てからもその経験が必ず生きてくるでしょう。人生においての大切なこともエンジョイベースボールとSBTから学ぶことができるのです。

高校野球にはさまざまなあり方があっていいと思います。多様性があるほうが楽しいし、もっと野球が盛り上がると思います。そして、いろいろな学校同士が高いレベルで切《せっ》磋《さ》琢《たく》磨《ま》し合う。考えるだけでワクワクしてきます。

先輩たちが築いた野球にとらわれず、自分たちのやりたいことをやる。困難はあると思いますが、それを自分たちで乗り越えて、もっといいチームになっていく。エンジョイベースボールこそが、彼らの強さの根源なのです。私は少しだけお手伝いをしたに過ぎません。

慶應義塾高等学校野球部
森林貴彦監督インタビュー
「うちの選手を見ても、このチームが今、勝っているのか負けているのか、多分わからない」

プレー以外の時間をどう使うか

監督の仕事というのは、選手を少しでも良いコンディションでグラウンドに送り出すことです。試合に出ている選手たちだけじゃなくて、部員ひとりひとりが前向きに取り組み、生き生きとした顔で練習できる環境を作る、整えることだと最近は強く感じています。

試合当日の、いわゆる采配や戦術的なものも、それはそれであると思いますが、選手たちが「よし！　やるべき練習はやったから、あとは試合でやるだけだ！」という気持ちで臨めるかどうかで、大方の勝負はついているような気がします。

吉岡さんと最初にお会いしたのは毎年夏遠征に行っている札幌日本大学高等学校野球部の森本卓朗先生のご紹介でした。その後、２０２１年に慶應義塾体育会野球部が34年ぶりに大学日本一になるわけですが、私の立場から見ていても、戦力で圧倒して勝っているわけではないんです。選手の能力だけ比べてみると、多分相手のほうが強いんだろうなというのは、六大学の中でもありました。

でも、粘り強い試合をして最後は勝っている。大学選手権の試合ぶりを見ていても、紙一重の勝負を制してるなと感じました。選手たちの表情もとても良いですし、こういうチームになれたらいいだろうな、こういうチームになりたいなと感じたことが、SBT導入の大きなきっかけです。

野球というのは間があるスポーツです。ワンプレーが数秒で終わって、そこから次のプレーまでには10数秒時間が経過します。内野ゴロだったら数秒だし、外野フライも5秒くらい、三塁打を打っても12～13秒ですので、プレーしてない時間のほうが長い。だから、プレー以外の時間をどう使ったらいいかが課題なんです。逆にいうと、うまく使えないからこそ、自滅したり、連鎖反応でミスが出たりするのです。いわゆる「流れ」というものが生まれます。

このSBTというのは、そのひとつの答えになると思いました。言葉はもちろん、表情、仕草といった動作が心や脳に与える影響が大きいこともわかりました。

これまで僕が漠然と思っていたことを体系的に整理していただいたというか、「そうそう、こういうことを言いたかったんだ」ということがたくさんあって、気持ちが良かったですね。

野球には劣勢の時と攻勢の時があります。普通は選手の顔を見ただけで「これは劣勢だな」とわかったりします。そうして、流れというものに飲み込まれてしまう。それは高校生だけじゃなくて大学生でも、もしかするとプロ野球選手もそうかもしれません。

でもSBTを始めてから、うちの選手を見ていると、このチームが今、勝っているのか負けているのか、多分あんまりわからないと思うんです。

甲子園の3回戦広陵戦でも、本当に苦しい場面が多かったんですけれど、9回の同点の場面で、マウンドにいた松井（喜一）が、本当にいい顔をして投げていたんです。この場面でこんな顔で投げられたら相手のバッターはつらいだろうなと。SBTによる大きな成長を感じた瞬間ですね。この夏は戦力で圧倒して勝ったわけではありませんが、甲子園では選手の心の安定を感じました。それがSBTのひとつの答えかもしれません。

監督1年目はやはり野球で結果を出してあげたいという思いが、今に比べると強かったと思います。

ただ、ほとんどの生徒は社会に出て野球に関係ない生活を送ります。「私から野球を取ると何も残りません」という人にはなってほしくないし、少なくともうちの学校はそうでない人材を出していかなければいけないという自負はあります。

これまでの高校野球は勝利至上主義でみんな苦しそうにやっていました。勝つためには手段を選ばない「騙し合い」みたいなところからは脱するべきだと思います。

おかげさまで私たちが優勝したことは大きな話題になりました。ひとりひとりが成長してチームも成長したら、それが結局勝利につながることがわかってもらえたかもしれません。

それぞれのチームが、自分たちのチームはどうあるべきかとか、何のために存在しているのかとか、そういったことを考えるきっかけになればいいなと思ってます。

もりばやし・たかひこ　慶應義塾高校時代は遊撃手として活躍し、大学進学後、学生コーチとして慶應義塾高校で指導。大学卒業後は一般企業に就職するも、高校野球の指導者を志し3年で退職する。教員免許取得後は慶應義塾幼稚舎の教諭に。２０１２年に慶應義塾高校野球部助監督、２０１５年８月から監督に就任。

4章

自分を高める「成信力」で慶應メンタルを育てる

KEIO Mental #13

成功を信じられる人だけが成功する

成長を左右する「成信力《せいしんりょく》」

ネガティブな記憶は人をマイナス方向に導きます。

私にはある苦い記憶があります。小学2年生の夏休み明けに、教室の皆の前でどのような夏休みを過ごしたのかを発表するよう、担任の先生から指示を受けた時のことです。スラスラと答えた最後に、話をどうまとめようかと約10秒思案し沈黙したところ、先生からダメ出しをされ、それを合図にクラスメイトからブーイングされたのです。その悔しさと悲しさは今も鮮明に記憶しています。教室の右奥に先生がいて、クラスメイトがこっちを見て笑っている、その映像がはっきりと残っています。

なぜこのような昔のことをはっきりと覚えているのでしょうか。それは、先にも述べましたが、人は感情と一緒に出来事や物事を記憶するからです。そして、**ポジティブなことよりも、ネガティブなことのほうが記憶に残りやすいからです。**

これは人間が今より原始的な生活をしていた頃、過酷な自然界で最悪の事態を常に記憶していた頃の名残とも考えられます。

ネガティブな感情は残り続けます。失敗も永遠に記憶に残ります。心理学によれば、人は1日に7万回も思考し、そのほとんどはネガティブなことなのだそうです。

ためしにある実験をします。初対面の人について何を思ったのか聞いてみます。良いところと悪いところ、どちらが目についたでしょうか。

すると、ほとんどの人が髪型が変、目つきが悪いなど、悪いところが目についたといいます。自然とマイナス面に意識が向くのは、記憶力に長けている右脳と潜在意識にマイナス情報の蓄積があるからです。

私が伝えるSBT（スーパーブレイントレーニング）は、成功に導く脳を作るトレーニングです。成功を収めることは実は難しくありません。

成功を信じ続けられる人だけが成功します。**自分が成功できることを信じる力。**

SBTではこれを「成信力」と呼びます。

「こんな高いレベルの目標なんて達成できない」

「早く練習が終わらないかな」

自分自身が成長するチャンスを阻害するのは、そんなネガティブな思いなのです。

否定的な思いは、パフォーマンスを著しく悪くします。たとえば絶体絶命の状況で崖から崖へジャンプしなくてはいけない状況に陥った時（そんなことが起こらないことを祈りますが）、絶対に飛べないと思ってジャンプをしたら、間違いなく届かないでしょう。どうせできない、という思いでチャレンジして、うまくいくことはありません。一生懸命やったつもりでも、体のキレは悪くなります。

一流の走り幅跳びの選手が跳躍の前に集中している様子を見たことがあるでしょう。あれは「自分はできる」と、いい聞かせているはずです。

そう信じることで、最高のパフォーマンスを発揮できる状態をつくることができるのです。それまでの経験は関係ありません。

日々の練習の中で成長する選手というのは、試合と同じように集中して練習に取り組むことができる選手なのです。

KEIO Mental #14

寝る前にいいイメージを思い浮かべる

マイナスをプラスに書き換える

思考習慣の違いによって、人の脳は次の5つの「脳タイプ」に分けることができます。

①なげやり脳（5％）……何に対してても無関心で、どうなってもいいと感じている
②諦め脳（45％）……やろうと思うものの、すぐに無理だと諦めてしまう
③なりゆき脳（35％）……途中までがんばるものの、途中で目標を変えてしまう
④上昇脳（10％）……勝ちたい、一番になりたいと思い、目標達成を目指す
⑤勝ちグセ脳（5％）……常に勝てる一番になれると思い、目標を達成する

一番多いのが、②、③です。大きな目標を立てたものの、途中でやはり自分には無理だったと挫折してしまうタイプで、ある意味で一般的といえるかもしれません。失敗の責任をすぐに自分以外に転嫁するのも、この脳の特徴です。

④は前向きに物事にチャレンジする人です。成功の確信はなくても、継続して努力

できます。

95％の人は、「自分が成功すると思えない」と考えているとも言えます。

講演などで、自分の目標は実現が可能だと思うかと尋ねると、95％もの人が、心のどこかで無理だと思っていると正直に答えてくれます。でも、その段階ではそれでいいのです。

大事なのは、実際に行動を起こす前に、根拠がなくてもいいから絶対にできると思うこと。決意が本物かどうかなのです。

経営の神様といわれた松下幸之助さんは、必ずできると思うことの大事さを唱えました。本来、事業とは必ず成功するもの、と考えていたようです。必ずというのは100％ということです。経営の神様がそう言っているのです。それくらい「できる」と思い続けることは大事なのです。

ポジティブな言葉を繰り返し口にすることも大事です。九九は繰り返し口に出して覚えましたよね。最初は言葉にして左脳、それを繰り返しやっていると、音声データとして右脳に記録され、長期記憶として保存されるのです。このように、口に出して脳に叩き込むことが大事です。

先述のように、潜在意識には過去のマイナスの情報がたくさん蓄積されているので、何もしないまま眠りについてしまうと、知らぬ間にマイナスのイメージトレーニングをしていることになってしまうことがあるので注意が必要です。

脳には、寝る直前の情報を重要情報と位置づけ、記憶しようとする特徴があります。したがって、ポジティブな感情のもとに、いいイメージの状態で眠ることでプラスのイメージトレーニングが行えるわけです。

布団の中ではいいことを思い浮かべながら、あるいは思い出しながら眠りにつきましょう。寝る前の10分間、いいイメージをつくってから寝る。それによって能力を高め、全体のわずか5％しかいない「勝ちグセ脳」へと導いていけるのです。

KEIO Mental #15

脳がワクワクする状態をつくる

正しくても楽しくなければ続かない

人間のやる気や能力を引き出すのは何かといえば、肯定的な感情です。楽しい時間はあっという間に経ってしまうように、脳が楽しいプラスの感情に振れている時は、素晴らしい時間を過ごせているということです。

脳は感情に左右されます。マイナスの気持ちになると、マイナスのホルモンの分泌が脳幹（反射脳）から発せられ、思考と体調は悪化、行動意欲と行動力は低下し、パフォーマンスは低下します。

ですから、常に感情をプラスの状態に保てればいいですね。

自分の心が楽しくて、ときめいている状態を、私たちはそれをワクワク状態と呼んでいます。

ワクワクする→やる気ホルモンが脳内で分泌される→やる気が高まる

楽しくてときめいていると、このような素晴らしいサイクルが生まれるのです。

人間の心の中には振り子があります。快⇕不快、楽⇕苦と気持ちは行ったり来たりしています。

大事なのはこの振り子をどう、プラスのほうにもっていくかです。

楽しいことと正しいことは違います。この練習をすればうまくなる、けどやりたくない。この場合、練習という正しいことは、楽しいことではないということです。

脳はその作業が正しいかどうかではなく、楽しいかどうかで判断しています。

私たちは練習が楽しければ続けることができ、楽しくなければ続けられないわけです。**つまり、楽しいと思えなければ、成功することはできないのです。**

心の振り子

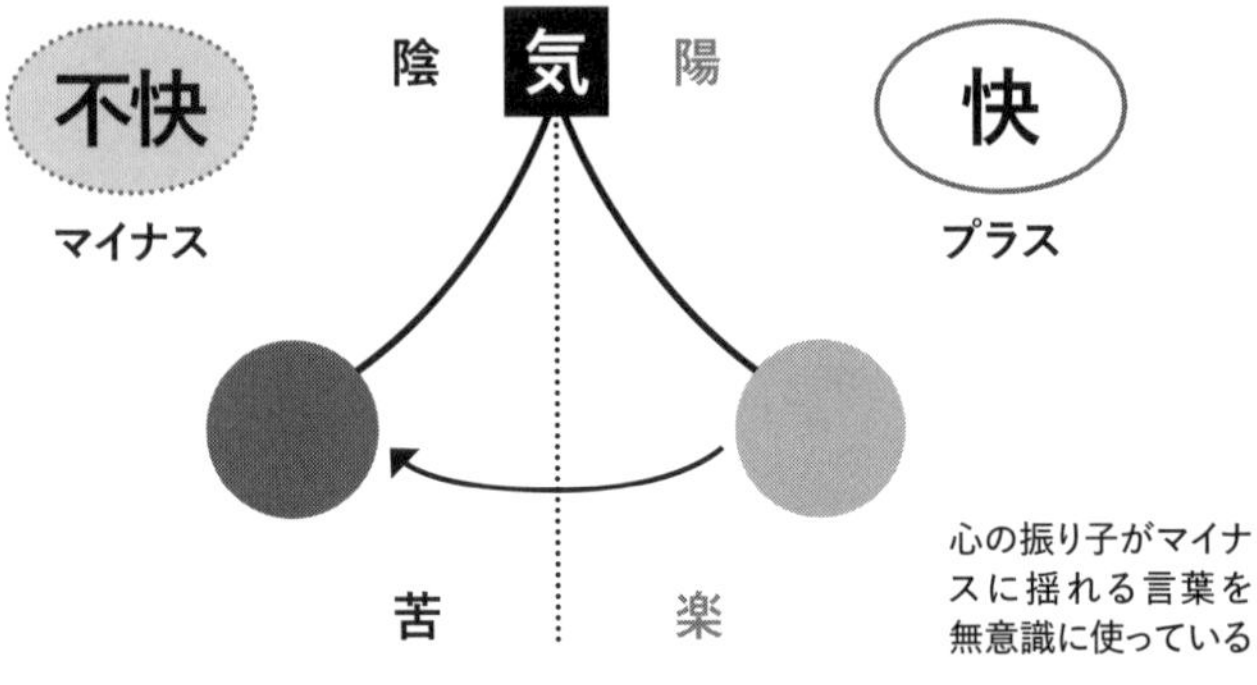

心の振り子がマイナスに揺れる言葉を無意識に使っている

私はSBTの講座を行う時に参加者に必ずワクワクリストを書いてもらいます。ワクワクすることを10個挙げてもらうのです。何について書くかは指示しません。自由に書いてもらいます。

ある高校のラグビー部の話です。彼らの目標は花園を連覇することでした。70名の部員のうち、10個全部ラグビーのことを書いた選手がふたりいました。彼らはラグビーのことを人生の中心において生活していると言えます。

その一方でラグビー以外のことばかり書いた選手が40名いました。この40名の部員は、目標は花園連覇と言いながら、ラグビーはどうも楽しくないようです。

実はこのワクワクリストは、その時の自分の本音、そして願望に気づくことができるのです。

人間ですから口で言う理想と本音にはギャップがあります。

そして、ワクワクリストを書くもうひとつの目的が、「脳には、正しいことよりも楽しいことが続く特徴があることを再認識してもらう」ことです。

ラグビーのことが10番目までにひとつも入らないのだったら、きつくてつらい練習は能動的に臨めないし、決して続けられないということ。10個の中にラグビーのことがひとつも挙がらなかった選手には、ラグビーの中でワクワクすることを探してもらいました。

そしてラグビーに関するワクワクを書き出したところで、選手に尋ねてみます。

君たちの頭の中に、ラグビーを楽しんでプレーしている自分やチームの素晴らしい未来の絵が浮かんだのではないかと。イメージが湧けば湧くほど、そう在りたいという願望レベルが高いことを意味します。そして願望が強くなればなるほど、辛抱できるレベルも強まります。つまり、今までなら耐えられなかった厳しい練習も耐えられるようになるのです。

ワクワクリストは心の中を写す鏡です。ひと月に一度、自分が何にワクワクしているのかを知れば、目標に向かう大きな羅針盤になるのです。

自分がワクワクすることを確認する

まず、自分がワクワクすることを10個挙げてみる。10個書けたら、その中で最もワクワクすることを1つ選んでください。そして、1つに決めたことが、なぜ最もワクワクするのか、その理由を書き出してみる。

1	
2	
3	
4	
5	
6	
7	
8	
9	
10	

●最もワクワクすることは?

●なぜそう思うのか?

KEIO Mental #16

目標を達成した自分を具体的にイメージする

ディテールがあるほど実現性が高まる

目標に向かって主体的に行動できる人は、全体の5％しかいません。彼らとそうでない人との差は何かといえば、先ほども書いたとおり、できると信じ続けていること、そしてワクワクしているかどうかです。

ワクワクは、目標を達成している様子をイメージすることで意図的に作り出すことできます。

先述した宇宙関係の仕事につきたいという希望を持つ生徒の話ですが、彼には何度も言葉で自分の夢を語ってもらいました。また目標を達成している様子をわかりやすくイメージしやすくするために、宇宙服姿の宇宙飛行士の写真に、自分の顔写真を貼り付けてもらいました。

「その写真を見てどう思った？」と聞くと「ワクワクする」という答えが返ってきました。言葉だけではなくて、絵でイメージすると、さらに目標を達成したいというワクワク度が増します。

ちなみに、絵はイメージなので右脳に響きます。言葉は左脳に響きます。右脳と左脳は脳梁《のうりょう》という神経連絡橋でつながっていますから、何度も夢が実現した状況を語ることで、成功のイメージが浮かぶようになります。頭の中がワクワクした成功のイメージで満たされるのです。

目標を達成している様子をイメージしたら、そのイメージを持ち続けることも大事です。イメージを実現しようとする強い願望が生まれて、それは新たな行動力になります。イメージする→イメージを維持し続ける→やる気が生まれる。5％の人は自然とこの流れが身についているのです。夢目標をイメージする際には、以下の3点をしっかりと意識して行いましょう。

その1　すでに夢を達成した状態をイメージする
その2　細部までリアルにイメージする
その3　イメージに自分の感情を加える

その1。最初に、「日本一」という目標を立てた塾高の生徒には、「日本一になった状況」をイメージしてもらいました。「こうなったらいいな」ではなく、「こうなった」

と、完全に夢を達成した状態を想像してもらいます。

その2。日本一を達成した際のディテールを頭に描いてもらいました。真夏の甲子園球場。決勝戦の相手は昨年の優勝校・仙台育英高校。自分たちのベンチは3塁側。天気は曇り。気温は35度で蒸し暑い。9回裏。最後の打者はこの試合マルチヒットの強打者。3番手の投手のスライダーを引っ掛けて内野ゴロに。ショートからファーストに送球されるボール。まるでスローモーションのようにファーストミットに収まったボール。その瞬間、グラウンド上のナインと、ベンチにいた選手もマウンドに集まって3点ポーズ（No．1ポーズ）を決めている。涙を流している選手もいます。

その3。日本一という夢を達成した時の感情を付け加えてもらいました。ここまでやってきたことを思い出して涙が止まらない。とにかく嬉しい。優勝を達成したことで、注目を浴びるのも悪い気持ちはしないでしょう。テレビカメラを向けられるのは少し恥ずかしいけど、優勝して良かったという気持ちがどんどん湧いてきます。心の中にあるのはやはり嬉しいという気持ち、そして達成感です。

……と、具体的にイメージをしてもらったのです。ディテールが具体的であればあるほど、夢にリアリティーが増しますよね。

そして、夢目標はイメージするだけでなく、心の中で強く持ち続けることも大事です。脳は思い続けることで、「過去の経験」も「未来の経験」も、同じ経験としてとらえてくれます。常識の枠は、実体験がベースになってつくられるとお話しました。しかし、脳は、イメージトレーニングを重ねることで「未来の経験」も実体験と同じように受け止めてくれるのです。脳の肯定的錯覚です。

脳には自分がイメージしたことを、実現させようとする特徴があります。

日常生活でも、人間の頭の中にはイメージが先にあり、脳はそのイメージを実現させようと体の動きを指示します。たとえば、朝起きて、顔を洗って、食事をして、家を出ますよね。毎朝あなたの頭の中にあるイメージを、脳が実践しているのです。

夢目標がかなった状況をリアルに繰り返しイメージすればするほど、脳は未来の成功体験を実現しようと働いてくれます。そして、そうありたいという願望が高まるとともに、夢目標実現に向けた行動意欲と行動力に大きなパワーを与えてくれるのです。

KEIO Mental #17

夢目標シートをつくる

小さな一歩を重ねて大目標に達する

夢は口に出すとかなうといいます。ＳＢＴでは夢目標を設定し、紙に書き出してもらいます。夢の特徴を具体的なイメージに落とし込んでいくのです。

まず、夢について。ＳＢＴでは、夢を次のように定義しています。今の自分の実力を度外視して、５～10年先の将来、こうなっていたらワクワクすると思うこと。

次に、目標について。ＳＢＴでは、目標とは夢を叶えるためにその過程でクリアすべきこと、そして少し努力すれば叶うもので夢が叶った状況から逆算して考えるものと定義しています。

夢を一番上に書いたとしたら、いまあなたがいるところは一番下です。上から逆算してどんどん細かく刻んだ目標を立てていきましょう。

たとえば、ほとんど運動をしたことがない人の夢が、42・１９５キロのフルマラソンを走ることだとします。

おそらく、一番上の目標は、練習で何度もフルマラソンと同じ距離を走り切ること です。その下の目標は一度でもフルマラソンを走り切ること。次に30キロ、20キロ、10キロ、5キロ。そうやってどんどん目標を下げていきます。すると、一番下の目標はどうなるか。たとえば、「毎日家の周りを散歩すること」だとしたらどうでしょう。なんだそんなことでいいのか、と思うのではないでしょうか。あまりに簡単すぎて、「余裕だ」なんて思ってしまったらこちらのものです。

そうやって、どんどん小さな目標達成を繰り返していきましょう。スモールステップをクリアし続けていると、達成感を覚えると共に、それができている自分に自信が生まれ、モチベーションがアップします。そして、スモールステップを重ねていくとやがて、大きな目標に達することができるのです。千里の道も一歩からといいますが、まさにそのとおりです。

たとえばチーム全体の夢が「日本一」でも、選手個々の役割は皆異なるので、個々の夢はそれぞれ違うということです。マネージャーや裏方スタッフももちろん違います。ただ、それぞれが夢に向かって具体的なビジョンを描き、小さな目標を設定し、コツコツ行動していくことが大事なのです。

夢と、そこから逆算した目標をしっかり立てる。それこそが日本一にたどりつく手段なのです。

夢目標設定シート

私　　　　　　は　　　年　　　月　　　日に
　　　　　　　　　　　　を実現しました

夢目標

●夢を実現したときはどのような状況ですか？

●あなたはそのときに何を感じていますか？

●誰がどのように喜んでくれていますか？

5章

困難を乗り切る「苦楽力」で慶應メンタルを鍛える

KEIO Mental #18

最悪の事態は想定しておく

楽天家とプラス思考は違う

「プラス思考」と聞くと、楽天的な人のことを思い浮かべるかもしれません。行き当たりばったりで風に吹かれたような人生でもなんとかなるさと思える。本当は違うのですが、そんな楽天家を一般的には「プラス思考」と呼ぶようです。

この「プラス思考（だと思われている）」のパーソナリティーを持つ人の多くは、最悪の事態を想定していません。

「最悪の事態が起こったら嫌だな。でもまあ起こらないだろう」

こういう人たちの行動にはある共通点があります。野球の練習にたとえます。

①思いつきの計画で動く

ＹｏｕＴｕｂｅで見た練習方法が良さそうだったからやってみよう。選手の個性や、特徴、練習の目的など考えず、目先の「うまくなる」「すぐに上達する」などの言葉に飛びついてしまう。

②最初は結果を求めるが、結果が出ないと諦める

問題点を解消しようと最初は熱心に練習をするが、結果がついてこないとすぐに飽

きてしまう。あるいは諦めてしまう。

③問題点があっても平気でいる

守備の連携などに課題があっても、結果が出ているからいいかと先送りにする。

④結果が出ないことに責任を取ろうとしない

試合で負けてしまったとしても、今回は相手が悪かったと、原因を外に求める。

危機管理ができていない人は、これまでの人生が「ラッキーだった」だけで、大きなトラブルに直面した時にあっさりと投げ出してしまいます。

経営の神様と言われた稲盛和夫さんはこう言いました。「楽観的に構想し、悲観的に計画し、楽観的に実行する」。新しいことを成し遂げるには、まず「こうありたい」という夢と希望を持ち、超楽観的に目標を設定することが大切だが、計画の段階では「何としてもやり遂げなければならない」という強い意志を持って悲観的に構想を見つめなおし、起こりうるすべての問題を想定して対応策を慎重に考え尽くさなければならないと。

事前に最悪の事態を想定しその対策を講じるからこそ、本番では「必ずできる」という自信をもって、楽観的に臨むことができるのです。

KEIO Mental #19

試合は答え合わせでしかない

つらくつまらないことを楽しむ「苦楽《くらく》力」

甲子園で優勝するまでの道のりは決して平坦ではありませんでした。何度も大きなピンチに直面しましたが、そのたび塾高の選手たちが「想定内」といっていたのが印象的でした。これはたゆまぬ事前準備を重ねてきた証です。

「本当のプラス思考人間」は、苦しいと楽しくなります。なぜなら準備がしてあるからです。

投手の鈴木（佳門《かもん》）君は夏の県大会前から本調子ではありませんでした。県大会準々決勝でコールド勝利目前の場面で登板し、次戦のために早く試合を終わらせようと思うがあまり、コントロールが定まらず、ストライクが入らなくなることがありました。解決策を模索して、鈴木君は私に連絡をくれました。悩んでいた彼に、「調子の良い時の自分が今の自分にアドバイスをくれるとしたら、どんな言葉だと思う？」と尋ねました。

彼は「打たれても構わないので、自分を信じてしっかりと腕を振って球を放れ」と答えました。

そして、「コントロールが定まらない時にコースを狙って投げても外れてしまうのは当然のこと。ど真ん中に思い切り投げれば、ストライクゾーンに適当に散らばってくれると思う。自信を持って投げます」と自分で答えを見つけました。

思い切り投げればどうにかなる、ではなく、彼なりの解決策を見つけたことに価値があります。なんとかなるでは決して乗り切れないこともあるのです。

その後鈴木君は準決勝の東海大相模戦、決勝の横浜戦と甲子園に向けて、登り調子になり、甲子園でも活躍してくれました。

テレビでは塾高の選手の悲壮な表情をひとつも見ませんでした。これは素晴らしい準備をしてきたからです。

普段、あまり気に留めることはありませんが、日常的に、私たちはさまざまな準備をしています。たとえば、雨が降るかもしれないから、傘を持っていく。遅れるかもしれないから1本早い電車に乗る。準備をしたという安心が大事なのですね。

森林監督は普段の練習がテストで、試合は答え合わせのようなものだと言われます。

試合の時にがんばるのではなくて、練習をがんばる。勝利を目指すのは当たり前だけど、一番大切なのは成長。それを大事にする。

そうすれば、「試合って楽しい」と思えるはず。

確かに勉強をしっかりやったあと、テストの答え合わせはドキドキワクワク楽しみなものですよね。

野球史に残る偉大な選手であるイチローさんは、こんな言葉を残しています。

「そりゃ、僕だって勉強や野球の練習は嫌いですよ。誰だってそうじゃないですか。つらいし、たいていはつまらないことの繰り返し。

でも、僕は子どもの頃から、目標を持って努力するのが好きなんです。だってその努力が結果として出るのは嬉しいじゃないですか」

つまりイチローさんはただ普通の練習は嫌い。でも、夢へ到達するための必要な努力としての努力なら好きだと捉えているからです。

激しくつらい練習が好きだという人はいないでしょう。ただし、日本一になるために必要な努力だとしたら、喜んでするのではないでしょうか。

SBTではこうした「つらいこと」「苦しいこと」を楽しむ力のことを「苦楽力」と呼んでいます。

試合を楽しむためには、苦楽力を発揮して、日頃の苦しくつらい練習を何よりも楽しむことが大事なのです。

KEIO Mental #20

脳をだまして
やる気にさせる

アウトプットは思っていなくてもいい

とても楽しい時、あなたの感情は動作や表情に表れます。逆に、苦しい時も同じです。好きなものを見た時、苦手なものを見た時、あなたのリアクションは異なります。これは脳が「快」と判断するか「不快」と判断するかによって、あなたの動作や言葉のアウトプットが変わるからです。

この判断をするのが扁桃核という脳の中にある神経組織です。五感を通じてある情報が脳に届けられると、扁桃核は快・不快を判断し、思考や言動に影響が及びます。

かわいい赤ん坊を見たら、自然と笑顔になり「かわいい」という言葉が出てくるのに対して、ゴキブリを見つけたときは眉間に皺がより「気持ち悪っ」と叫んでしまう。これは扁桃核が瞬間的に自分にとって心地よい情報かどうかを判断した結果が行動にあらわれているのです。

脳は入力と出力とでプログラミングされていると言われています。入力とは思いやイメージ、出力とは言葉、表情、態度などを指します。たとえば、何か嫌なイメージや思いを抱いて、否定的な言葉を口にすると、そのネガティブな言葉は耳から脳に入力されて、嫌なイメージや思いを強めてしまうのです。

脳はプラスの情報をインプットすると、肯定的なアウトプットをしてくれます。先ほどのイチローさんの例ではありませんが、トップアスリートは、常に脳に対して肯定的な入力をしています。一般の人にはつらい練習だとしても、トップアスリートは脳に対して、「これは意味のある素晴らしい練習なのだ」などとインプットしているわけです。一般の人とトップアスリートの練習の成果を比べたとしたら、結果は一目瞭然でしょう。

そこでまずはプラスの表情や言葉をリストアップしてみましょう。そして積極的にそのプラス言葉を発して、脳内の扁桃核にその情報を届けるようにすれば、感情はポジティブな状態になり、パフォーマンスを発揮しやすい状況がつくれるようになります。前にも書いたように、脳は現実とイメージを区別することができません。なのでピンチの時などは無理矢理プラスの言葉や表情などをアウトプットすればよいわけです。

たとえば、その日は雨で、練習をしたら服がドロドロになりそうです。そんな時に誰かが「練習だるいな」と口にした言葉を聞いてしまったら、すぐにプラスの言葉をかぶせるようにします。たとえば、

「こんな日に練習すれば、雨の日の試合に生かせるな」

肯定的なアウトプットをすることを習慣化するのです。決して本心から思っていなくても、口先だけでもいいのです。なぜなら、脳には入力（思いやイメージ）よりも出力（言葉、表情、態度）の影響を強く受ける特徴があるからです。

競技力を上げるためには、つらくて苦しい練習がつきものです。とはいえ、それが大切だとわかっていても、なかなかやる気は起きないものです。

「しなければいけない」と思った瞬間に、それが義務感やプレッシャーになります。ネガティブな感情の状態になってしまうので、それが行動意欲や行動力に悪影響を及ぼすのは想像に難くないでしょう。

たとえ、30分の練習でも、感情の状態がポジティブとネガティブとでは大きな差が出てしまうわけです。せっかくだったら、ポジティブな声をかけて、こんな練習なんてちょろいと脳に思わせましょう。そうしたら、こちらのものなのです。

KEIO Mental #21

ネガティブな言葉は3秒以内に上書きすればOK

脳はあとから入った情報を優先する

私たちの脳は入力と出力がワンセットだとお伝えしましたが、時には、他人のマイナス言葉を耳にする場合もあります。

たとえば、電車の中で隣に立った見知らぬ乗客のマイナスの言葉が聞こえただけでも、実は感情はネガティブになってしまうのです。練習前に誰かがふと発した「だるいなあ」という言葉も、あなたの脳に入力されると感情がネガティブになり、行動意欲と行動力を下げてしまいます。そんな練習が素晴らしいものになるとは到底思えませんよね。

マイナスの感情になり、脳からの指令のもと体に悪影響がおよぶまではコンマ何秒の世界だと言われています。

筋トレをした方はわかると思うのですが、重たいウエイトを上げるトレーニングをしていた時に、苦しくなって「無理だ」と思った次の瞬間、全身から力が抜けることがありますよね。これはネガティブな思いや言葉がマイナス感情を生み、行動力を下げてしまうわかりやすい例です。「言霊」という言葉があるように、言葉は脳に影響を与えるのです。

もちろんネガティブな言葉を吐かないほうがいいのですが、人間ですからどうしても弱音や愚痴をふと口にしてしまうこともあります。それ自体を禁じてしまうと、今度は逆に脳に大きな負荷をかけてしまうことになります。

もしも、ネガティブな発言をしてしまったら、すぐにポジティブな言葉で上書きしてしまえばよいのです。それもできるだけ、すみやかに、極力3秒以内に。SBTではこれを「3秒ルール」と呼んでいます。

LINEを間違って送ってしまっても3秒以内に送信を取り消したら、ほとんど読まれる可能性はないでしょう。マイナスのことを口にしてしまったら3秒以内に言い換えましょう。

こんなあと出しジャンケン的な戦法がなぜ有効なのかといえば、脳はあとから口にした言葉を信用するからです。最初のマイナス言葉より、あとから発したプラス言葉を脳は信じてくれるわけです。

人間の心というのは不思議なもので、ジュースが半分あったとしたら、「もう半分しかない」と思うこともあれば、「まだ半分もある」と思う時もあります。ジュースが半分という事実は変わらないのに、その時の受けとめ方ひとつで目の前の景色が、言い換えると思いや感情が一気に変わります。

同じようにスポーツのパフォーマンスも、感情に左右されるので、感情をしっかりコントロールすることはとても大切なことなのです。

心の中に振り子があると仮定すると、その振り子は時にはプラス、時にはマイナスに振れます。その振り子がプラスの方に振れている時は、思考と体調が良い状態、行動意欲と行動力が上がっている状態です。

「このあとの練習面倒だな」と口にしてしまったら、3秒以内に「このあとは成長の時間だ」などと言い換えてみましょう。もしもため息をついてしまったら、3秒以内に思い切り笑顔になって「よっしゃー」と叫んでみたら良いのです。

無理にでもプラスの出力を心がけ、ご自身の能力を発揮しやすい状況をつくるようにしましょう。

KEIO Mental #22

信念の言葉とNo.1ポーズで逆境を乗り切る

ピンチで勇気が湧く「脳の錯覚」

言葉や表情、態度が私たちの脳に大きな影響を与えることはお話ししてきましたが、同じように動作が与える影響も大きなものです。

Ｎｏ．１ポーズはプラスの感情を引き出すポーズなので、ピンチの時に行うことで脳が肯定的な錯覚を起こし、行動意欲と行動力を高め、パフォーマンスを発揮しやすくしてくれるのです。

Ｎｏ．１ポーズはどんなポーズでもよいのです。つまり最初はそのポーズには何の意味もついていないものです。そのＮｏ．１ポーズを効果のあるポーズにするには、プラスの出来事があった時にＮｏ．１ポーズを行う。どんなことでもかまいません。嬉しいことがあった。電車に間に合った。ごはんが美味しかった。好きな子から連絡があった。練習でいいプレーができた。監督に褒められた。どんなことでもいいので、プラスの出来事があったときに、そのポーズを行うようにするのです。１日に20回くらい。それをひと月くらい続けていると、Ｎｏ．１ポーズを取る＝プラスの感情のときと、脳の中に条件付けすることができるのです。

そこまでできたらしめたものです。ピンチの時、気が動転した時など、ここぞという場面でNo．1ポーズを行うのです。No．1ポーズには、事前にプラスイメージ、プラス感情、そして自分たちが掲げる目標や目的が脳の中に条件付けされているので、苦しい状況を楽しめる苦楽力を発揮することができます。

塾高の生徒は日々の練習前に必ずNo．1ポーズを行いながら、目標「KEIO日本一」と目的「恩返し、常識を覆す」そしてスローガン「他喜昇り」を唱和し続けました。その効果もあり、たとえどんなに苦しい場面に直面しても、No．1ポーズを行うことでその困難を苦しいとは思わず、まるで、楽しむかのようになりました。さらに目標と目的が想起されることでこの状況を克服しようという勇気が湧き、乗り越えることができたのです。こんなピンチでくじけていいのかと、いい意味で脳を錯覚させました。

戦力だけ比べたら、決勝の仙台育英、広陵などのほうが上だと森林監督はおっしゃっていましたが、なぜ慶應が優勝できたかといえば、SBTで能力プラスアルファのものを手に入れることができたからだと私は信じています。

6章

他人を喜ばせる「他喜力」で慶應メンタルを磨く

KEIO Mental #23

人を喜ばせたいという気持ちが大きな力になる

ぼやっとした目標が輪郭をつくる

目標の達成にはある「大きな力」が欠かせません。それは他人を喜ばせる力です。SBT（スーパーブレイントレーニング）では「他喜力《たきりょく》」と呼びます。対する言葉が「自喜力《じきりょく》」です。

たとえばビジネスだったら、「他喜」とはお客さんの幸せでしょう。選手たちにとっては誰なのか。親か家族かもしれませんし、友人かもしれません。試合に出られない仲間かもしれません。

人間とは自分と同じくらい、他人を喜ばせることが好きなのです。その理由は、私たちには人を喜ばせたいという本能があるからです。

嬉しいという喜びの気持ちをもたらす素《もと》、動機付けには自喜と他喜のふたつがあります。

この項目では他人を喜ばせることに主眼を置いてお話をしますが、自喜と他喜はどちらも大切なものです。なぜなら、自喜は自分自身の行動意欲や行動力を高める「楽しい」「ワクワク」というプラス感情であるからです。

SBTの講習の他喜に関するワークの中で選手たちに、喜ばせたい人の名前とその理由について10名分書いてもらいました。

そして、そのなかで一番喜ばせたい人を選んでもらい、その人を喜ばせるイメージトレーニングを行いました。この最も喜ばせたい一人のことを「No．1サポーター」と言います。これまでの経験では、「No．1サポーター」として母親を挙げるケースが最も多く、便宜上ここでは母親とさせてもらいます。

自分が大きな目標を達成して、母親を喜ばせるシーンを想像してもらいました。優勝した瞬間に、母親はどこにいて、どんな表情をしているのか、後で自分にどのような言葉をかけてくれるのか。その時の様子をできるだけ詳しく思い浮かべると、思わず涙を流してしまう選手もいます。

そのあとは4～5人のグループになって、イメージトレーニングを行った実感について話し合ってもらいました。

皆一様に「がんばろうと思った」「力が湧いた」と前向きな感想が多く、やはり他人を喜ばせたいという思いが私たち人間にはあるのです。

それまで、ぼやっとしていた人を喜ばせたいという気持ち、その輪郭がくっきりすると、誰かを喜ばせたい、誰かのために、という思いが大きな力になるのです。

KEIO Mental #24

最後に背中を押してくれるのは誰かの応援

他喜力は燃え尽きない

他喜力で思い出されるのは、2011年ドイツW杯で優勝した〝なでしこJAPAN〟のことです。東日本大震災で国内が混乱している大変な時に、しかも国内のアスリートたちがボランティア活動をしているというニュースが伝わる中、彼女たちは、「日本が震災で大変な時に、海外の大会に参加していていいのか」という葛藤があったといいます。でも、W杯で自分たちが勝つことによって被災者や日本国民を勇気づけることができるのなら、という思いで参加し、優勝という快挙を成し遂げました。

他喜力がなぜ強いのか。**それは自分の喜びだけを追求して行動していると、私たちはくじけやすいからです。**失敗しても「次にがんばればいいか」と思いますし、失敗を重ねて壁に跳ね返されるうちに自己防衛本能が強く働きすぎると自己を正当化する傾向があまりに、できないことを人のせいにしてしまう傾向を私たちが持ち合わせているからです。

夢や目標を設定するときには、自喜のワクワク要素に、「誰かのために」という要素を加えることが、とても重要になるのです。

喜ばせたい対象が明確になると、苦しい状況に直面しても乗り越えようとする気持ちが強くなります。たとえば、世界の人を幸福にしたいという思いは素晴らしいものではありますが、対象が広すぎては漠然としてしまいます。一方、母親を喜ばせたいという思いであれば、どうしたら喜んでくれるか、どんなふうに喜んでくれるかなど、具体的なアイデアが湧いてくると思います。

塾高の選手であれば、日本一という目標を達成するために努力をしている姿を見せることが、そして、日本一を達成することこそが他喜をもたらす最大のものと思えるようになるでしょう。

他喜力は、くじけそうになったときだけでなく目標の達成が見えたときにも実は有効なのです。ゴールが見えた途端に安心してそれまでのペースをゆるめてしまった経験はありませんか。私たちの脳は満足感を覚えると、油断・慢心などを引き起こしてしまう傾向があります。バーンアウト（燃え尽き）症候群と呼ばれるものです。

そんな時に、**応援してくれる人に感謝の気持ちを届けたい、喜ばせたいという気持ちがあれば脳を満足させることなく、さらに努力・精進し続けられるのです。**

KEIO Mental #25

喜ばせたい10人を書き出す

喜ばせたい人10人でやる気は1万倍に

先ほど、喜ばせたい人とその理由を10人分を書き出してもらうワークを実施したことをお話しました。それらを書き出すことで、自分が想像以上の多くの人に支えられてきたことに改めて気づくと共に、その感謝の思いは脳に深く刻まれます。

これまで「誰かのために」ということを常に考えてきたと言い切れる人はそれほど多くはいないでしょう。でも、誰かを喜ばせるためにがんばってみようと思うと、今までとは違う力が湧いてくるのを感じると思います。なんとも清々しく強い力があなたの背中を押すのを感じるはずです。

そして、誰かのために、と思って主体的に行動する姿は、チームメイトにもいい影響をおよぼします。

楽しい、ワクワク、好きという自喜の要素だけでは乗り越えられないことが世の中にはたくさんあります。しかし、そこに「誰かのために」という他喜の要素を加えることで大きな力が生み出され、さらなる高みを目指すことができるのです。

喜ばせたい人の名前と理由を10名書き出す前の他喜の力が1だとしたら、ワーク後には100になり、そしてその10名に面と向かって喜ばせたい理由を告げると、他喜の力はさらに100倍増え、10000になると伝えています。おそらく気恥ずかしいことでしょうが、それを乗り超えた時、大きな力を手にしたと感じることができるでしょう。

慶應義塾高等学校野球部の声⑤

加藤右悟《ゆうご》君（捕手・外野手）
「一点凝視で間違いなくプレーの質は向上しました」

この前、秋の試合（神奈川県高校野球秋季大会）に負けてしまった時はなかなか気持ちの整理ができなかったです。でも、記者さんからもたくさん質問されて、優勝したチームというのはこれだけ注目されるんだなって改めて思いました。新しいチームのキャプテンとしてチームを率いる責任を改めて感じました。もっとやらないとダメだと。

甲子園で優勝したことは嬉しかったですが、実は、僕の中であまり記憶がないんです。沖縄尚学戦で逆転3点タイムリー。1、2打席目で三振だったけど、ベンチから「思いきり振ってけ」という声が聞こえたから、初球から思い切りよく打てました。配球はデータどおりでした。

高校1年の頃は毎回ヒットを打ちたいという思いが強く、10打数10安打を目指してました。打てなかったあとでも、次があるって思っていたから、あまり落ち込まなかったんです。

でも、2年になって、1打席目が打てないとずっと引きずってしまうようになりました。やはり、メンタル面での弱さが出てしまったのかなと。

一点凝視ははじめてやったトレーニングでしたが、確かにバッターボックスに立ってそれをやると目線がぶれなくなる。間違いなくプレーの質は向上しました。

僕だけじゃなくて、松井（喜一）さんとかも、強いメンタルで投げている時はわかりました。チームメイトも1年を通して大きく成長しているのを感じました。

他喜力を学んでからは、勝つことでスタンドにいる塾高の生徒や関係者、もちろん試合に出ていないメンバーや応援してくれている家族、そして友人たちがあんなに喜んでくれるのだと知って、これほど嬉しいことはないと思えるようになりました。

中学の時はクラブチームに所属していたので、何かを代表して戦っているという気持ちが希薄でした。だから塾高で野球をしてこんなに応援されることにびっくりしたし、嬉しかったです。勝った時は嬉しいし、負けた時は責任を感じます。

僕自身よくミスもするし、抜けているところも多い。1学年上の大村（昊澄）先輩がすごくリーダーシップがあるので、僕も自分がやらなきゃと思っていましたが、先輩は「加藤らしくやれ」って言ってくれました。その瞬間、身が引き締まる思いがしました。僕たちのチームも大村先輩たちの代に負けないいいチームにしたいと思っています。

慶應義塾高等学校野球部の声⑥
丸田湊斗《みなと》君（外野手）
「目的が、自分が結果を残すことよりも、チームの勝利になった」

SBTを最初にやると聞いた時は、「どこかで聞いたことあるようなことをいわれるんだろう」と思っていました。でも、取り入れたらきっといいことあるんだろうな、という気持ちもありました。メンタルを整えることの重要性はそれまでも広くいわれていましたから。

実際にSBTに取り組んでからは、自分の意識との向き合い方が上手になったと思いいます。たとえば、ランナーの時に太ももをたたいてリズムをとっていると、こちらに余裕があると相手が錯覚して不気味に思われることがあります。すると、自分自身にも余裕が生まれることもあります。

特にピンチの時には、口角を上げたり、意識的に気分を高める動作を繰り返しました。たとえ自分の調子が悪い時も、変なプレッシャーをかけてくるような仲間ではなかったのがよかったです。自分の不調とは自分自身で向き合うことができました。ちょっとしたミスで評価が変わるようなチームではなく、監督やコーチも僕たちのことを信頼してくれていたんだと思います。

今年の夏も責任感はありました、でも、1年前と大きく変わったのはみんな言ってるのと同じように、チームが勝てればいいかなって思えるようになったことです。特に春が終わった頃に、そう強く思えるようになりました。

思い返せば2年の秋、自分たちのチームになった時の大会では、勝ちたいし、活躍したいという思いが強かったけれど、春の選抜が終わったあたりから、自分がどれだけ打てなくても、巡り巡ってチームが勝てばいいかなと思えるようになりました。たとえば、自分が5打数無安打で試合に勝利したとしても、昔だったら悔しかったんです。でも、今はこの試合でもし自分が打っていたら勝利はなかったんじゃないか、そう思えるようになったんです。そうしたら素直に勝利を喜べるようになりました。目的が、自分の結果を残すことよりも、チームの勝利になったのは大きかったと思います。自分が打てなくても、勝利に導いてくれたチームメイトたちへの感謝の気持ちも強くなりました。

慶應義塾高等学校野球部の声⑦

大村昊澄《そらと》君（内野手）

「とてつもない大きな目標を立て、紙に書いて、自分を追い込んできた」

大学の野球部がＳＢＴを導入して結果を出していることもあり、自分たちも導入することへの期待がありました。

吉岡さんから学んだ中で、自分の中で一番しっくりきたのは、他喜力という言葉でした。

自分のことだけでなく常に他人を喜ばせることを考えれば、自分のパフォーマンスを高めてくれる原動力になる気がしたんです。さらに、運も引き寄せてくれるかもしれない。苦しい練習は当たり前ですから、そこから頭ひとつ抜けるためには、欠けていたピースのような気がしたのかもしれません。

昔はメンタルが弱かったですね。悪い時はさらに悩んでドツボにはまるタイプでした。でも、ＳＢＴを学んだことで、気持ちを前向きに切り替えられるようになったと思います。

尊敬する先輩である福井章吾さん（２０２１年度慶應義塾体育会野球部主将）から教わったのは、「チームはキャプテンで変わる」ということでした。

まず僕が高い意識を持つこと。さらに、それを部員全員で共有しなければ日本一なんてなることはできません。

ですから、日本一ということを皆にずっと言い続けましたし「このキャッチボールや投内練習は日本一の練習なのか」と常に自問自答していました。

その時はやることはやったと思います。でも、できることはもっとあるかもしれないとも思う。日本一ってどういうレベルなのかって、そのどこまでやればいいのか、なったことがないから、最初はイメージできませんでした。

でも、僕たちは皆、日に日に成長して、逆境にも強くなったのを感じました。秋から、選抜大会、県大会の春と夏を優勝して、試合を重ねるごとに、逆境、ピンチを乗り越え、そのたびに日本一に近づけたのだと思います。

春の仙台育英戦はタイブレークで負けたけど、広陵戦のタイブレークは「点が入るでしょ」という余裕がありました。それは、県大会決勝の横浜戦であったり、崖っぷちを経験してきた経験があったからだと思います。

自分はこれまでとてつもない大きな目標を立て、紙に書いて、自分を追い込んで結果を出してきました。

今回は日本一という結果を残せましたが、また新たな次の目標に向かってまた進みたいと思います。

7章

社会的成功と人間的成功を目指す

KEIO Mental #26

人間力を高め主体性を発揮する

危機に直面して発揮される主体性

SBT（スーパーブレイントレーニング）の他に、もうひとつ取り入れてもらったことは、人間学を育む月刊誌『致知』を活用した月一度の勉強会「木鶏会《もっけいかい》」です。『致知』はビジネス、スポーツ、芸術、学問、政治など、多岐にわたる分野で粉骨砕身ご奮闘されていらっしゃる方々の体験や、そこで得られた英知を学べる雑誌です。なぜ『致知』を読むように勧めたのかというと、各界で成功を収めている方の成功体験の裏側には必ずといっていいほど失敗、挫折などが隠れているからです。成功者がそういった逆境をどう乗り越えてきたのか、その心の機微を知り、それを自分事としてとらえ、自己関連づけして考えることで、必ず気づきや学びがあり、今、あるいは未来に生かせるからです。

つらいことに直面して、それにくじけてしまうのか、あるいは、いつかそれが自分の糧になると思い立ち向かえるのかで、生き方は大きく変わります。『致知』には人生の奥義が詰まっています。人格形成の途上である彼らにこそ『致知』を読んで欲しいと思ったのです。

『致知』に触れてみると、「主体的な行動をとっている人が成功している」ことがわかります。

主体性と自主性は似ていますが、大きく異なります。自主性とは、やることがきまっている中で、自分から動くこと。一方の主体性は、自分が今何をすべきかを考え行動し、その結果に対する責任を取ることです。

この主体性のある行動は、大学生と社会人でもなかなかできていないことなのです。その証拠に、経団連に加盟する企業の採用担当者が求める人材の上位3項目の中に、主体性が過去20年にもわたり含まれています。

『致知』の中にはそういう主体性を持った方々が数多く登場して、幾多の困難を乗り越えていく様が丁寧に描かれています。それを読み進めるうちに、自分も何かしてみようという勇気を与えてくれるのです。

月に一度、好きな記事に関する感想文を用意し、4~5人のグループをつくって各々シェアし、良いところを互いに褒め合います。

「この着眼点は素晴らしい学びになった」

「自分にない気づきが聞けてよかった」

他人のいいところを見つけるトレーニングを続けることで、プラス思考になりやすい脳の状態を作ることができるのです。成績の良い組織や強いチームに共通しているのは明るさ、雰囲気の良さです。そうした状態をつくることにも木鶏会は役立つわけです。

スポーツも、ビジネスも、自分の技量を高めるだけでは、ほかに秀でることはできません。そこで重視されるのが人間力なのです。苦境をどう乗り越えたかを知ることは、かならず人生、そして野球のヒントになります。

全国屈指の実力の選手を集めたチームに対し、戦力面では苦戦を強いられている塾高が何でその差を補完するか。それは人間力です。２０２１年に34年ぶりに大学日本一の栄冠をつかんだ塾野球部もそうでした。

私は、スポーツには勝利よりも大事なものがあると思っています。それは人としての成長です。『致知』を活用した主体性のある人材の育成という取り組みは、勝利至上主義ではなく、成長至上主義を第一義とする森林監督の考えに合っていたからこそ、塾高野球部にピタリとあてはまったのです。

KEIO Mental #27

小さな満足を積み重ねる

脳を満足させてはいけない

こんなシーンがありました。プロ野球の試合終了後のヒーローインタビューで、お立ち台に呼ばれたのは、相手打線を完封した選手でした。

横にいるアナウンサーが「満足いく結果だったんじゃないですか？」と聞くと、選手は「いえ、まだまだです」と答えます。「最高の結果でした！」と答えれば盛り上がりそうなものですが、ファンが喜びそうなコメントはなかなか出てきません。アナウンサーは、「満足してます」「最高です」という言葉を引き出したいのでしょうが、その投手は「今日の勝利を次につなげます」と締めくくりました。

「すべて世の中の事は、もうこれで満足だという時は、すなわち衰える時である」かの渋沢栄一はこう言いました。日本を代表する実業家として、現在まで続く日本経済の礎を作った渋沢翁がこんな言葉を残しているというのは示唆に富んでいます。満足した瞬間に、その人の可能性は限定され、成長の道筋は閉ざされてしまいます。

さらに上を目指すためには、限界をもうけないことが大事なのです。

幸せな状態とはいつかと聞いたら、「幸せを手に入れていた状態」と思うかもしれません。しかし、一度完璧な幸せを手に入れたと思ってしまったら、その次はどこに向かえばいいのでしょう。

その状況があまりに幸福であるならば、もしかしたら、その状態が壊れるのが怖くなってしまうのかもしれません。

さらに、幸せが続いたことで、その幸福な状況に飽きてしまうかもしれません。

ずっと幼い頃から苦労をされてきた方で、家族に恵まれ経済的に安定し生活を送っていたところ、人生の張り合いがなくなって何にもやる気がなくなってしまったという人がいます。仕事もつまらないし、遊びも楽しくない。やがて仕事もうまくいかなくなってしまったのだと。

この例を見ても、脳というのは満足させてはいけない、ということがわかります。脳に満足感を覚えさせると、油断、気の緩み、妥協、慢心《まんしん》などが生じ、行動意欲と行動が低下してしまうのです。おそらく、先ほどのアスリートもそれを知っていて、自分を満足させることがなかったのでしょう。満足は衰退の一歩であるという言葉は金言なのです。

視点を変えると、実は「満足したい」と渇望して、なかなか手が届かない、あるいはもう少しで手が届きそうな状態こそが、本当に幸せな状態なのかもしれません。

選手からは、「試合に勝って喜んじゃいけないんですか？」と聞かれることもあります。もちろんいいと思います。日米通算4000本安打達成した会見で、イチローさんはこんなことを言っていました。

「僕は満足を重ねないと次が生まれないと思っています。小さいことでも満足するし、達成感も時には感じる。でもそれを感じることで、次が生まれてくる。意図的に、こんなことで満足しちゃいけない、まだまだだと言い聞かせている人は、しんどいです。嬉しかったら喜べばいいんですよ」

これは「野球が上手くなりたい」という、大きな目標があって、その手前の小さなスモールステップを達成したことに満足をしているのです。イチローさんは小さな満足を、次の満足へ向かうための糧にしていたのでしょう。

優勝という大きな花を咲かせた塾高の選手たちには、この先さらに大きな目標を見つけて突き進んでもらいたいと思います。小さなことにも喜び、感謝し、幸せを感じる。その積み重ねが、豊かな人生を創るのです。

KEIO Mental #28

「社会的成功」と「人間的成功」のどちらも手に入れる

自分の「ありたい姿」を追求する

成功者という言葉を聞いた時、私たちの多くは、社会的な地位を獲得して、経済的にも困らず、精神的に余裕がある人の姿を想像するようです。ただ、社会的な成功を収めたとしても、幸せとは限りません。なぜなら成功には「社会的成功」と「人間的成功」の2種類があるからです。

社会的成功とは、「社会で正しいことをして手に入るもの」です。現代社会においてはお金を稼ぐ、芸能人として有名になる、弁護士として活躍するといったことが考えられます。

一方の人間的成功とは、「ひとりの人間としての幸せ」を追求した結果、手に入るものです。何にも縛られない自由な生き方、家族と幸せに過ごす時間、ストレスとは無縁の田舎暮らしなどが挙げられるでしょう。

若いうちは、社会的成功を目指しがちです。**しかし、社会的成功を手に入れても、人間的成功も同時に手に入れないと、ゆくゆくは寂しさや物足りなさを感じてしまうのです。**

野球で日本一になりたい。そう思うあまり、学業を疎かにし、家族関係や友人関係を蔑《ないがし》ろにしたら、たとえ日本一という目標を達成しても、心から喜んでくれる人は限られてしまうでしょう。

私たちは社会的成功に目を向けるあまり、人間的成功が二の次になりがちです。もちろん、社会的成功を収めることは、生半可な努力ではなしえません。しかし、人生の大半を費やし目標を達成し社会的成功を収めた時に、周りに誰もいないのはとても寂しいことです。

真の成功とはどのような状態を指すのでしょうか。

その答えは、社会的成功と、人間的成功の両方を手に入れることです。

社会的成功が「なりたい姿」だとしたら、人間的成功は「ありたい姿」。学生という多感な時期に、人間的な成長を促すことも、私の大事な仕事だと思っていましたし、森林監督も成長させる役割を担うのが指導者であると考えていらっしゃったこともあり、今回私が関わらせていただくことになったのでしょう。

ＳＢＴを通じて、社会的、そして人間的な目標達成に向かう努力、困難を乗り越える力、他人を喜ばせることで自分も成長できることなどの大切さを伝えてきました。

２０２３年夏の甲子園で、塾高野球部は「ＫＥＩＯ 日本一」という目標はひとまず達成しました。

一方、「恩返し&常識を覆す」という目的については足跡をひとつ残しましたが、これについてはここまで来たら達成、というゴールがありません。新チームも前チーム同様のふたつのゴール（ＫＥＩＯ日本一、恩返し&常識を覆す）を引き継ぎ始動しました。

３年生はこれで卒業ですが、彼らが次のステージでも「なりたい姿」と「ありたい姿」をしっかりと追及してくれることを、この先も心より祈っています。

おわりに

本書を最後までお読みいただきありがとうございます。

「優勝の瞬間、何がまず最初に思い浮かびましたか」

決勝戦後のインタビュアーの問いに、キャプテンの大村昊澄くんは「今まで、ずっと日本一とか高校野球の常識を変えるとか、散々大きなことを言ってきて、笑われることもあって、いろいろと言われることもあったんですけれど、それに耐えて、そういう人を見返して、自分たちが絶対に日本一になってやるんだ、という強い思いで今までがんばってきたので、そのつらい思いが全部報われたかなという瞬間でした」と答えました。

彼らが目標として掲げた「ＫＥＩＯ 日本一」、そして何のためにその目標の実現を目指すのかといった目的「恩返し＆常識を覆す」。

これらを成し遂げた背景には、３つの力の存在があります。

ひとつ目は、成功を信じる力「成信力」。日々のつらく厳しい練習時に必要な能力がまさにこの成信力で、どれだけ強く「夢目標を実現できる」と思えるか、思い続けられるかがポイントになります。

ふたつ目は、辛く苦しい場面に陥っても慌てることなく楽しめる力「苦楽力」。試合中のピンチの場面、マイナス感情の状態から、プラスの言葉や動作・表情などをアウトプットすることで、如何にパフォーマンス発揮に必要なプラス感情の状態へとコントロールできるかがポイントになります。

３つ目は、人を喜ばせようとする力「他喜力」。私たち人間は人を喜ばせると自分も嬉しくなるという本能を持ち合わせています。心の支えとなる人や応援してくれる人を喜ばせる幸せを追求し続けていると、強烈なプラス感情がもたらされます。一時的なマイナス感情や環境の変化に惑わされることがなくなり、夢目標達成への意思や勇気が揺るぎないものになります。

大村くんをはじめとする塾高野球部員が、何故、外野の声に左右されることなく、ブレずに目標の〝KEIO 日本一〟や目的の〝恩返し&常識を覆す〟を思い続けることができたのかといえば、目標実現の先にある最終ゴール「恩返し&常識を覆す」という目的を実現する姿をイメージできていたから。

どんなに苦しいことやうまくいかないことがあったとしても、〝ありがとう〟という言葉を口にしたり、日頃から〝いい顔〟をすることを心がけていたから。

夢目標を実現した自分たちの姿を見て支えてくれる人や応援してくれる人が喜んでいる姿をイメージし続けたからです。

本書に書いてあることとは、決して難しいことではありません。できるところからでも行動してみると、必ず変わります。

「自分もやってみよう！」と、行動を起こす方の背中を押す一助になればこの上なく嬉しく思います。

最後に、本企画をご提案いただいたワニブックスの小島一平さん、構成を担当していただいたキンマサタカさん、そして株式会社サンリ 西田文郎会長、西田一見社長、臼井博文取締役、株式会社致知出版社 藤尾秀昭社長、板東潤取締役、神奈川県高校野球連盟 榊原秀樹専務理事 他 皆様、日本高等学校野球連盟 寶馨会長 他 皆様、慶應義塾体育会野球部 堀井哲也監督、そして何より慶應義塾高等学校野球部森林貴彦監督、赤松衡樹部長、星野友則副部長、馬場祐一副部長、上田誠元監督、七條義夫元部長、学生コーチおよび野球部部員の皆様、すべての方のおかげで本書を出版することができました。心より御礼申しあげます。

※文中に出てくる「ＳＢＴ」「スーパーブレイントレーニング」「成信力」「苦楽力」「他喜力」「Ｎo・１ポーズ」は、株式会社サンリの登録商標です。

［著者］
吉岡眞司（よしおか・しんじ）
慶應義塾大学卒。人財教育家、慶應義塾体育会野球部・慶應義塾高等学校野球部人財育成・メンタルコーチ、一般社団法人能力開発向上フォーラム代表理事、SBTアスリートメンタルコーチ＆1級メンタルコーチ。
メンタルコーチを務める慶應義塾体育会野球部が第70回全日本大学野球選手権記念大会にて34年ぶり4回目の日本一、慶應義塾高等学校野球部が第105回全国高等学校野球選手権記念大会にて107年ぶり2回目の日本一、箕面自由学園高等学校チアリーダー部がJAPAN CUPチアリーディング日本選手権大会にて4年連続23回目の日本一に輝くなど、実績多数。
問い合わせ：contact@win-forum.jp
能力開発向上フォーラム HP = https://win-forum.jp

［監修］
西田一見（にしだ・はつみ）
株式会社サンリ 代表取締役社長。SBTグランドマスターメンタルコーチ。

サンリ能力開発研究所にて大脳生理学と心理学に基づく科学的なメンタルトレーニングの研究をはじめ、脳の機能にアプローチする画期的な潜在能力開発プログラム「SBT（スーパーブレイントレーニング）理論」を指導。さまざまな心理分析データから夢・目標達成をサポートする「目標達成ナビゲーター」として、講演・講習などですでに数百万人もの指導実績を持つ。

ビジネスパーソンへの個人指導をはじめ、Jリーガー、プロ野球選手、プロゴルファーなど、トップアスリートのメンタルトレーニングにもあたっている。 小中高生を対象とした目標達成のための受験指導でも高い評価を受けている。

近年では上場企業をはじめとした企業の社員教育にも力を注ぎ、「社員のやる気が根本から変わり、組織が急激に伸びていく」と講演依頼も多数。

慶應メンタル
「最高の自分」が成長し続ける脳内革命

2023年12月25日　初版発行
2024年 5 月25日　2 版発行

著者　吉岡眞司
監修　西田一見

装丁　金井久幸（TwoThree）
構成　キンマサタカ（パンダ舎）
編集協力　菅野徹
校正　東京出版サービスセンター
写真　日刊スポーツ／アフロ（帯、P37）
協力　神奈川県高等学校野球連盟
編集　小島一平（ワニブックス）

発行者　横内正昭
編集人　岩尾雅彦
発行所　株式会社ワニブックス
〒150-8482　東京都渋谷区恵比寿4-4-9　えびす大黒ビル

印刷所　株式会社光邦
DTP　有限会社Sun Creative
製本所　ナショナル製本

ワニブックスHP　http://www.wani.co.jp/
（お問い合わせはメールで受け付けています。HPより「お問い合わせ」へお進みください）
※内容によりましてはお答えできない場合がございます

ISBN 978-4-8470-7389-2